인공지능·IoT 시대를 위한

비즈니스 융합도(BCD)

작성 원리

저자 **유홍준**

(주)소프트웨어품질기술원

목 차

● ●

제 1 장 비즈니스 융합도(BCD)란 무엇일까?

제 2 장 비즈니스 융합도(BCD) 작성의 기본 원리

제 3 장   비즈니스 융합도(BCD) 실무

부록

사례 목 차

사례 목 차

TIP 목 차

● ●

TIP 목 차

TIP 목 차

그림목차

● ●

표 목 차

머리말

사회에서 모든 일을 능숙하게 효율적으로 처리하는 사람은 어떤 비결이 있는 것일까? 그것은 간단하다. 업무의 흐름을 잘 이해하고 문제의 인식에서 해결하기까지의 과정에서 가치를 증대시켜주는 일에 역량 있는 사람이다.

그러면 어떻게 가치를 증대시켜줄 수 있을까? 가치 흐름(value flow)을 잘 파악하여 업무 과정에서 안정적이고 체계적으로 향상해주는 능력의 배양 여부에 달려있다.

종래에는 이러한 가치 흐름이 정보 가치(information value)를 중심으로만 이루어져 왔다. 그렇기 때문에, 비즈니스 프로세스 혁신(BPR: Business Process Reengineering)의 관점에서만 접근해도 충분히 문제 해결을 위한 가치를 증대시켜주는 것이 쉬웠다. 하지만, 지금도 그럴까?

최근에는 산업이 구조적으로 변화하여 정보 중심으로만 가치가 유통되는 것이 아니라, 정보와 사물이 결합하는 형태의 가치 흐름의 혁신이 일어나고 있다. 따라서, 정보 중심의 비즈니스 프로세스 혁신만으로는 한계가 생기게 되었다. 이러한 시대적인 요청에 따라 탄생한 것이 정보 중심의 비즈니스 프로세스에다 사물을 포함한 비즈니스 융합 프로세스(BCP: Business Convergence Process)이다.

비즈니스 융합 프로세스를 제반 산업의 업무에 적용하면 보다 효율적이고 안정적인 업무의 이해와 더욱 세밀한 가치 흐름의 선순환 구조를 만들어낼 수 있다.

이처럼, 정보 중심의 비즈니스 프로세스에 사물을 결합한 형태의 비즈니스 융합 프로세스를 쉽게 모형화하고, 쉽게 이해하여 적용할 수 있게 하도록 창안한 것이 비즈니스 융합도(BCD: Business Convergence Diagram)다.

필자가 창안한 BCD는 전문가들의 검토를 거쳐 2016년 12월 27일에 우리나라 ICT 분야 표준을 전담하고 있는 한국정보통신기술협회(TTA)의 정보통신단체 표준(TTAK.KO-11.0217)으로 공표되었다. 표준의 명칭은 '비즈니스 융합 프로세스 표기 지침(Guidelines for Representing the Business Convergence Process)'이다.

본서는 비즈니스 융합 프로세스 표기를 지원하는 비즈니스 융합도(BCD)를 작성하는 방법에 대해 상세히 설명하기 위한 목적으로 저술하였다. 이 책의 예제를 구성함에서는 정민희 씨가 많은 애를 써주었다. 디자인의 구성에는 김류경 씨가 도움을 주었다. 이 자리를 빌려 감사의 뜻을 표하고 싶다.

아무쪼록, 본 '비즈니스 융합도 작성 원리'가 산업 현장에서 업무의 쉬운 이해와 안정적이고 효율적인 업무 수행을 통한 문제 해결에 많은 도움이 되실 수 있기를 기도드린다.

2018년 4월 20일
저자 유 홍준

시|작하기 전에 ●●●●●●●●●●●●●●●●●●●●●●●●●●

비즈니스 융합도(BCD: Business Convergence Diagram) 작성 원리는 인공지능과 IoT로 대표되는 융합 사회의 산업 현장에서 업무 융합 흐름을 어떻게 도해하여 표현할 수 있는지에 대한 기본적인 작성 원리를 다루고 있다.

수행하는 제반 업무에 대해 프로세스를 정확하게 표현하거나 이해할 수 있다면 업무 처리의 효율성은 물론 업무 서비스 역량 향상을 극대화할 수 있다.

본서에서는, 비즈니스 업무 흐름과 사물이 결합하는 융합 시대를 맞이하여 이러한 복합적인 업무의 가치 흐름을 최적으로 표현해 줄 수 있는 비즈니스 융합도(BCD)를 작성하는 기본적인 방법을 다룬다. 본서의 내용만 완전히 소화한다면 일상생활의 어떠한 비즈니스 융합 프로세스(BCP: Business Convergence Process)도 손쉽게 표현하거나 이해할 수 있다.

그렇다면, 어떻게 비즈니스 융합도(BCD)를 작성할 것인가? 비즈니스 융합도를 작성함에 있어 시행착오를 최소화할 수 있도록 몇 가지 조언을 드리고자 한다.

첫째, 비즈니스 융합도 일명 BCD를 작성할 때에는 먼저 기호를 이해해야 한다. 기호를 이해할 때는 하늘(처리), 땅(저장), 사람(판단)의 세 가지 관점에서 이해하면 쉽게 접근할 수 있다.

둘째, 천지인(天地人)의 입체적인 시각에서 처리는 원(圓, 동그라미), 저장은 방(方, 네모), 판단은 각(角. 세모)의 시각으로 보면 전체적인 기호를 이해하고 암기하는데 도움이 된다.

셋째, 간단한 업무로부터 복잡한 업무에 이르기까지 많이 연습해 보는 것이 가장 중요하다. 이를 통해서 업무의 연결 고리를 파악하는 능력을 키울 수 있다.

넷째, 비즈니스 융합도(BCD)의 기호는 사용자가 마음대로 늘렸다 줄였다 하며 쓰는 것이 아니라 크기와 규격이 고정된 것이다. 따라서, 이를 가지고 조립식으로 분해 결합하는 원리에 대한 이해와 연습이 아주 중요하다.

다섯째, 정보 흐름 중심의 작성 방법을 익힌 후에는 정보와 사물을 결합한 가치 흐름에 대해 본격적으로 연습하여 실사회 업무 표현 역량을 키워나간다.

위의 다섯 가지 조언을 기반으로 비즈니스 융합도를 익힌 후, 이것을 회사의 업무 지침, 제반 업무 매뉴얼, ISP 시의 현행 업무 분석 및 개선 업무 설계 등 다양한 영역에 응용하여 적용한다면 큰 효과를 볼 수 있을 것이다.

비즈니스 융합도를 사용하여 비즈니스 융합 프로세스를 조직 내에서 확립하여 체계적으로 적용하는 시스템을 확립한다면, 사내의 업무 효율과 개인 업무 역량 확대를 혁신적으로 높여줄 수 있다. (주)소프트웨어품질기술원은 향후 이러한 비즈니스 융합 가치 흐름의 표현 문화 정착을 위해 더욱 정성을 다해 지원할 것임을 약속드린다.

주의 ●●●●●●●●●●●●●●●●●●●●●●●●●●●●●●●●●●●●●●

이 책에서 제시한 비즈니스 융합도(BCD: Business Convergence Diagram)의 '표기 기호'는 한국정보통신기술협회(TTA)의 정보통신단체 표준(TTAK.KO-11.0217)인 '비즈니스 융합 프로세스 표기 지침(Guidelines for Representing the Business Convergence Process)'을 준수한다.

따라서, 아래의 세 가지 점에서 주의할 것을 권고한다.

첫째, 비즈니스 융합도(BCD)의 표기 기호는 어떤 상황에서도 임의로 수정하거나 변경하여 사용하는 것을 허용하지 않는다. 그 이유는 단 한 번의 표기법의 숙지만 하면 더 노력이 필요하지 않도록 하기 위함이다. 즉, 어떠한 업무를 대하더라도 비즈니스 융합도(BCD)로 표기한 업무라면 손쉽게 이해하여 적용할 수 있도록 하기 위함이다.

둘째, 사물의 경우에는 예외적으로 회사의 제품 실물을 아이콘 같은 형태로 만들어 부가적으로 적용하는 것을 허용한다. 이 경우에도 반드시 실제적인 사물 제품에 한정하여 적용하는 것만을 허용하며, 본 비즈니스 융합도(BCD) 자체가 보유한 기호의 변경을 동반하는 것이 되어서는 안 된다.

셋째, 비즈니스 융합도(BCD)는 파워포인트에서 사용할 수 있도록 부품화한 기호와 적용 가능한 기본 서식을 (주)소프트웨어품질기술원에서 제공하고 있다. 이들 서식은 책을 산 분에게는 누구에게라도 무료로 제공하므로 잘 활용하시길 바란다.

넷째, 실무에서 비즈니스 융합도(BCD)를 적용하여 활용함에 있어 원저자와 출처의 명시를 조건으로 자유스러운 적용을 허용한다. 그 이유는 원저자를 중심으로 표준화 적용 관리를 원활하게 할 수 있도록 하기 위함이다.

다섯째, 비즈니스 융합도(BCD)는 필요시에 사물의 세부 조작에만 특화하여 적용할 수 있는 작업 융합도(WCD: Work Convergence Diagram)와 결합하여 작성하는 것도 가능하다. 작업 융합도(WCD)에 대해서는 별도의 서적인 '작업 융합도(WCD) 작성 원리'를 참조하시기 바란다.

본서에서는 비즈니스 융합도를 'BCD'라는 용어와 섞어서 사용하고 있다. 따라서, 비즈니스 융합도 또는 BCD라고 기술한 것은 같은 의미라고 이해하시기 바란다.

저작권 안내 ●

본 '비즈니스 융합도(BCD) 작성 원리'에 대한 저작권과 관련한 모든 권리는 저자인 유홍준이 가지고 있다. 따라서, 저자가 속한 (주)소프트웨어품질기술원의 서면 허가 없이는 무단 복사하여 배포하는 것을 불허한다.

본 '비즈니스 융합도(BCD) 작성 원리'의 무단 전재를 금한다. 가공·인용할 때에는 반드시 '(주)소프트웨어품질기술원, 비즈니스 융합도(BCD) 작성 원리'라고 밝혀야 한다. 가공·인용 범위에 대해서는 (주)소프트웨어품질기술원의 사전 서면 승인을 얻어야 한다.

기타 저작권 안내에서 특별히 명시한 사항을 제외하고는 어떠한 권리나 허가도 부여하지 않는다.

(주)소프트웨어품질기술원
주소 : 경기도 고양시 일산동구 호수로 358-39, 101-614
전화번호 : 031-819-2900

상세 변경 이력 ●

◈ V1.0
일   자 : 2018년 4월 20일
작성내용 : 비즈니스 융합도(BCD) 작성 원리 V1.0 최초 작성
작 성 자 : 유홍준

제 1 장

비즈니스 융합도(BCD)란 무엇일까?

비즈니스 융합도(BCD)란 무엇일까?

1.1 BCD의 정의

비즈니스 융합도(BCD : Business Convergence Diagram)는 비즈니스 프로세스와 사물을 융합하여 표현하는 모형화 방법이다. 최근의 업무 환경이 정보와 사물을 융합하는 형태로 변화함에 따라 융합 환경하에서 비즈니스 융합 프로세스(BCP : Business Convergence Process)를 패턴화시켜 표기할 필요가 있다.
BCD는 이러한 다양한 업무 환경에서의 프로세스 표현이 가능하다.

BCD는 문제 영역(problem domain : 인간이 해결해야 할 목표를 세우는 영역)으로부터 해결 영역(solution domain : 목표를 달성하여 진입한 영역)에 도달하기까지의 업무 처리 과정을 정보(information)와 사물(thing)을 융합하여 표현하는 것이 쉬워, 기존의 정보 중심 모형화에 비해 현실 세계와 유사한 형태로 표현하는 것이 가능하다.

예를 들어, 사업 입찰 시 나라장터 사이트에서 가격을 입찰해야 한다면, '가격 입찰'이라는 목표가 생겼기 때문에 문제 영역으로 들어온 것이다. '가격 입찰'을 성공적으로 완료하였다면 해결 영역으로 들어간 것이다.
가격 입찰을 마음먹은 시점부터 가격 입찰을 완료하기까지 시간의 흐름에 따라 일을 처리하는 비즈니스 프로세스를 표현할 때, 나라장터 전자입찰 서비스에 접속하여 일을 처리하는 과정에서 입찰자의 신원 확인을 위한 지문 인식기를 노트북에 연결하여 인증하므로 사물의 개입이 발생한다. BCD는 이처럼 정보와 사물이 융합된 비즈니스 프로세스 표현을 쉽게 할 수 있다.

1.2 BCD의 목적

BCD를 작성하는 광의의 목적은 한 번이라도 수행하였던 업무는 언제, 누가 업무를 수행하더라도 정확하고 효율적으로 할 수 있도록 하는 것이다. 수행하는 업무를 한 번만 BCD로 표현해두면, 같은 업무를 다시 수행할 때 정확하고 효율적으로 할 수 있다.

BCD를 작성하는 협의의 목적은 융합 환경하에서의 문제 해결의 전 과정을 조립식으로 패턴화시켜 표기함으로써, 정보와 사물을 융합하는 온라인·오프라인 업무를 쉽게 모형화하여 이해하도록 하는 것이다.

BCD의 목적을 성공적으로 달성하면 가치 흐름(value flow)을 중심으로 하는 비즈니스 융합 프로세스(BCP: Business Convergence Process)를 통합적으로 파악할 수 있다. 이를 통해 업무 프로세스 재설계(BPR: Business Process Reengineering)뿐만 아니라 업무 융합 재설계(BCR: Business Convergence Reengineering)도 쉬워진다.

여기서 가치 흐름(value flow)이라는 용어에 주목할 필요가 있다. 어떤 프로세스를 진행했는데 처음과 끝이 같다면 어떤 의미가 있을까? 가치의 변화가 있어야만 프로세스로서의 생명력이 생기게 된다. 처음에는 별것 아니었던 가치가 프로세스를 진행함에 따라 좋은 가치로 변화했다면, 그 프로세스는 좋은 프로세스라고 볼 수 있다.

BCD를 작성하는 궁극적인 목적은 체계적인 비즈니스 융합 프로세스를 밟아가는 가운데 가치 흐름을 높이는 방향으로 변화시키는 것이라고 볼 수 있다.

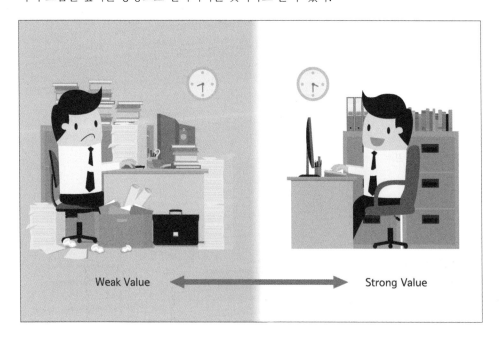

1.3 BCD의 필요성

BCD는 왜 필요할까?

이 질문에 답하기 전에 일상생활에서 놓치기 쉬운 문제를 생각해보자. 매일 아침 신발을 신을 때 어느 쪽부터 신는지, 버스 정류장에서 집까지 걸어가는 길에 전봇대가 몇 개 서 있는지 알고 있는 사람은 매우 드물다. 이런 사소한 것들을 기억하는 것은 세심하다고 볼 수도 있지만, 불필요한 것까지 신경 쓰는 것일 수도 있기 때문이다.

그러나 신발을 신는 순서가 중요한 경우도 있다. 군대에서 비상소집이 있을 때, 군화를 왼쪽부터 신는 것이 시간을 더 단축할 수 있다면 모든 병사들이 무의식적으로 군화를 왼쪽부터 신도록 체계화하고 훈련해야 한다. 그리고 시각장애인이 통학을 해야 하는 상황이라면, 버스 정류장에서부터 집까지의 전봇대 숫자가 중요할 수도 있다.

이처럼 업무에 체계성을 부여하여 효율성과 업무 수행 품질을 높일 수 있을 때 BCD를 작성하면 성과를 극대화할 수 있다.

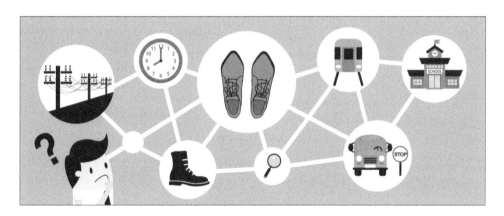

업무 환경이 급변하면서 기존의 업무 프로세스 표현 방법에서 문제점이 발생하였다.

첫째, 현존하는 업무 프로세스 재설계(BPR: Business Process Reengineering) 방법은 주로 정보 중심이라 사물까지 포함하는 융합 문제의 표현이 불가능하다.

둘째, 기존의 프로세스 표현 방법은 다양한 유형을 구분하고 식별하는 것이 어렵다. 예를 들어 정보의 경우 전자 정보, 인쇄 문서 정보, 화면 정보 등의 다양한 유형을 구분하는 것이 어렵고, 정보의 원본·사본 여부, 정보의 유통 주체, 정보의 배열 순서 등의 표현도 어렵다.

셋째, 정보와 사물의 표현이 규격화되어 있지 않다. 비 규격화된 표현은 전체적인 비즈니스 프로세스 모형화의 표준화를 저해하는 요인으로 작용한다.

이런 문제들의 해결을 위해 비즈니스 융합 환경하에서의 프로세스 가치 흐름을 체계적으로 표현하는 독립적인 비즈니스 융합 프로세스 표기 지침인 BCD가 필요하게 되었다.

1.4 BCD의 특징

BCD(Business Convergence Diagram)의 주요 특징을 다섯 가지로 정리하면 다음과 같다.

첫째, BCD는 정보와 사물을 동시에 표현할 수 있다.

기존의 비즈니스 프로세스 모형화 방법은 대부분 정보 중심이었다. 일부 Nodai식의 업무 플로차트가 부분적으로 사물을 표현하긴 했지만, 극히 제한적이었다.

BCD는 거의 제한 없이 사물을 표현하는 것이 가능하므로 정보와 사물의 결합을 특징으로 하는 현재의 융합 사회에서의 비즈니스 프로세스를 자유롭게 표현할 수 있는 유일한 표기 방법이다.

둘째, BCD는 패턴 조립 식이다.

기존의 UML, BPMN, DFD, Business Flowchart 등은 패턴이 일정하지 않았다. 패턴의 모양과 크기도 상황에 따라 변형하여 사용했다.

BCD의 패턴은 언제나 일정한 모양과 크기로 사용하므로 패턴 조립을 통한 표기의 용이성이라는 목표를 달성할 수 있는 유일한 표기 방법이다.

셋째, BCD는 쉽게 작성할 수 있다.

다른 표기 방법은 비즈니스 프로세스 표기를 위한 별도의 도구가 필요하다.

BCD는 파워포인트와 같은 프레젠테이션 도구(presentation tool)로도 쉽게 작성할 수 있다. (주)소프트웨어품질기술원에서 무료로 제공하는 파워포인트 표기 부품과 서식을 사용하면 손쉽게 작성하는 것이 가능하다.

넷째, BCD는 정보와 사물의 상세 구분이 가능하다.

정보의 경우 전자 문서, 전자 화면, 인쇄 문서 등의 정보 구분이 가능하고, 인쇄 문서의 경우 단일 문서, 다중 문서, 반복 문서 등의 세분된 표현을 쉽게 할 수 있다. 사물의 경우 능동 사물과 피동 사물로 구분하여 표현하는 것이 가능하다.

다섯째, BCD는 표준화된 표기 방법이다.

우리나라 IT 표준화를 전담하고 있는 한국정보통신기술협회(TTA: Telecommunications Technology Association)의 정보통신단체 표준(TTAK.KO-11.0217)으로 2016년 12월 27일에 정식 공표되었다. 표준의 공식 명칭은 '비즈니스 융합 프로세스 표기 지침(Guidelines for Representing the Business Convergence Process)'이다.

BCD와 다른 표기 방법과의 상세한 비교는 부록1에서 기술하였다.

1.5 BCD의 적용 범위

기존의 업무 프로세스 재설계(BPR: Business Process Reengineering) 표현 방법(*부록1 참고)은 여러 가지가 있지만, 정보 측면에서의 가치 흐름(value flow)을 중심으로 하므로 정보와 사물을 모두 포함하는 융합 업무 환경에의 적용이 쉽지 않았다.

그러나 BCD는 정보와 사물을 융합하여 표현할 수 있는 표기 방법이다. 드론, 자율 자동차, 로봇 등과 같이 다양한 유형의 능동 사물까지 포함한 융합 표현이 가능하다.

우리가 상상할 수 있는 모든 형태의 사물까지 포함하는 통합적인 시각의 비즈니스 융합 프로세스(BCP: Business Convergence Process)의 표현이 가능하다.

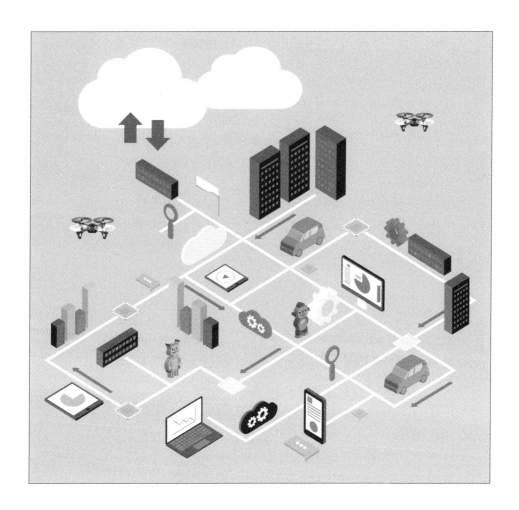

복 / 습 / 과 / 제

01

문1. BCD는 비즈니스 프로세스와 사물을 융합하여 표현하는 모형화 방법이다. 다음중 BCD를 올바로 기술한 것은?

① Business Combination Diagram
② Business Complex Diagram
③ Business Contribution Diagram
④ Business Convergence Diagram

문2. 다음은 비즈니스 융합도(BCD)의 정의에 대해 나타낸 것이다. 틀리게 설명한 것은?

① 최근의 비즈니스 프로세스에서는 사물의 개입이 발생한다.
② 현실 세계와 유사한 형태의 표현은 정보 중심 모형화가 적합하다.
③ 비즈니스 프로세스에서는 시간 흐름에 따른 업무가 동반된다.
④ BCD는 문제 영역으로부터 해결 영역까지의 표현이 가능하다.

문3. BCD를 작성하는 목적을 이해하는 것은 도해 표현상에 있어서 아주 중요하다. 다음중 BCD의 작성 목적을 잘못 기술한 것은?

① BCD로 동일 업무를 다시 정확하고 효율적으로 할 수 있다.
② BCD는 융합 환경하의 문제 해결 전과정을 조립식 패턴으로 표기한다.
③ BCD는 BPR뿐만이 아니라 BCR도 용이하게 지원한다.
④ BCD는 정보 흐름 중심의 BCP의 통합적 파악을 지원한다.

01

복 / 습 / 과 / 제

문4. BCD는 업무에 체계성을 부여하여 효율성과 업무 수행 품질을 높일 수 있을 때 필요하다. 다음중 BCD의 필요성을 틀리게 기술한 것은?

① 현존 BPR 방법은 사물까지 포함하는 융합 문제 표현을 못한다.
② 기존 프로세스 표현 방법은 다양한 유형의 구분 및 식별이 어렵다.
③ 정보 표현은 규격화 되어 있으나 사물 표현은 비 규격화되어 있다.
④ 비 규격화된 표현은 전체적인 BP 모형화의 표준화를 저해한다.

> 정답 ③
> 기존의 업무 프로세스 표현 방법은 정보와 사물의 표현이 규격화되어 있지 않다.

문5. 다음중 BCD의 특징을 올바르지 않게 기술한 것은?

① BCD는 정보와 사물을 동시에 표현할 수 있다.
② BCD는 패턴을 다양한 크기로 그릴 수 있다.
③ BCD는 쉽게 작성할 수 있고 거의 제한없는 사물 표현이 가능하다.
④ BCD는 정보통신단체 표준으로 표준화된 표기 방법이다.

> 정답 ②
> BCD는 패턴을 언제나 일정한 모양과 크기로 사용하는 패턴 조립식이다.

문6. 비즈니스 융합도(BCD)는 여러 적용 범위가 있다. 틀린 것은?

① 기존의 BPR 방법은 정보 측면에서의 가치 흐름을 중심으로 한다.
② 기존의 BPR 표현 방법은 융합 업무 환경에의 적용이 쉽지 않았다.
③ BCD는 능동 사물까지 포함한 융합 표현이 가능하다.
④ BCD는 상상할 수 있는 모든 사물의 세부 동작 표현도 가능하다.

> 정답 ④
> BCD는 통합적인 표현이 가능하다. 세부 동작 표현은 작업 융합도 (WCD: Work Convergence Diagram)가 담당한다.

문7. 다음중 비즈니스 프로세스를 자유롭게 표현함에 있어서 패턴이 일정한 표기 방법은?

① UML   ② BPMN   ③ Business Flowchart   ④ BCD

> 정답 ④
> 패턴이 일정한 표기 방법은 BCD뿐이다.

응 / 용 / 과 / 제

01

과제 1. 비즈니스 융합도(BCD: Business Convergence Diagram)를 작성하는 목적을 광의, 협의, 궁극의 세 가지 관점에서 정리해 보시오.

과제 2. BCD 이전에 나왔던 비즈니스 프로세스를 작성하는 표현 방법에는 어떠한 것들이 있는지 좀더 세부적으로 조사해 보시오.

과제 3. BCD 표준화는 정보통신단체 표준(TTAK.KO-11.0217)으로 공표되었다. 표준안을 구하여 내용을 파악해 보시오.

과제 4. 비즈니스 프로세스(BP: Business Process)와 비즈니스 융합 프로세스(BCP: Business Convergence Process)의 차이점을 정리해 보시오.

과제 5. 비즈니스 융합 프로세스(BCP)를 이용한 업무 융합 재설계(BCR: Bussiness Convergence Reengineering)의 예상 효과를 주위 동료들과 브레인 스토밍(brain storming) 해 보시오.

제 2 장

비즈니스 융합도(BCD)
작성의 기본 원리

2 비즈니스 융합도(BCD) 작성의 기본 원리

2.1 BCD 기본 표기 패턴의 이해

비즈니스 융합 프로세스 표현을 위한 비즈니스 융합도(BCD) 표기 패턴은 크게 프로세스, 정보, 사물, 흐름의 4가지 유형으로 구성된다.

2.1.1 BCD의 기본 표기 패턴 개관

프로세스는 작업, 판단, 저장의 3가지 유형으로 구성되며, 작업은 13가지, 판단은 2가지, 저장은 3가지 패턴으로 구성된다. 정보는 5가지 패턴, 사물은 6가지 패턴, 흐름은 4가지 패턴으로 구성된다.

〈표 2-1-1-1〉 BCD 전체 표기 패턴

프로세스				정보	사물	흐름
작업 ◯	Ⓐ 처리	ⓝ 연결		단일 문서 [1.]	능동 사물 (@별)	정보 수행 흐름
	Ⓕ 기입	Ⓒ 복사		다중 문서 [2.][1.] 2/1	피동 사물 (큐브)	
	◯ 통과	Ⓟ 인쇄				사물 수행 흐름
	◉ 생략	⊘ 합침		반복 문서 [1.] n	보조 기억 매체 (◯)	
	Ⓢ 서명	⊗ 나눔			재화 (◈)	정보 참조 흐름
	⚡ 교신	◎ 하청		전자 문서 [1.]	인장	
	✳ 운반				증표 (✡)	사물 참조 흐름
판단 △	△ 수취			전자 화면 ID NAME		
	◇ 검증					
저장 ▢	🛢 전자 정보 저장					
	⬜ 문서 정보 저장					
	◈ 사물 저장					

2.1.2 BCD의 기본 표기 패턴 상세

BCD 표기 패턴은 각각 명확한 사용 목적을 가지고 있다.

BCD(Business Convergence Diagram)의 기본 표기 패턴을 상세하게 정리하면 〈표 2-1-2-1〉과 같다.

〈표 2-1-2-1〉 BCD 표기 패턴 상세

구분	표기 패턴 구분	표기 패턴	설명
작업	처리	Ⓐ	일반적인 활동(activity)에 해당하는 처리를 의미한다.
	기입	Ⓕ	주로 문서 양식을 채워 넣거나, 데이터를 입력하는 작업을 의미한다.
	통과	◯	아무런 작업을 하지 않고 바로 또는 일정 시간 경과 후 통과시키는 것을 의미한다.
	생략	◉	구체적인 작업 내용의 표현을 생략하는 것을 의미한다. 이 기호는 해당 비즈니스 융합 프로세스의 흐름에서 더이상 상세한 내역을 표현할 필요가 없거나, 표현할 수 없는 부분의 시작, 끝, 또는 해당 범위의 시작과 끝 부분에 표기한다. 원 안에 검정 원으로 표현한 이유는 해당 작업을 블랙 박스로 간주하기 때문이다.
	서명	Ⓢ (다이아몬드)	비즈니스 융합 프로세스 흐름 상에서 서명이나 결재 등을 하는 작업을 의미한다.
	교신	⊘	조직 내 또는 조직 간에 의사 소통이 이루어지는 것을 나타낸다. 의사 소통을 위한 교신은 단 방향, 쌍 방향의 2가지로 이루어진다.
	운반	⊛	문서나 사물 등을 어떤 특정 장소에서 다른 장소로 운반하는 것을 의미한다.

구분	표기 패턴 구분	표기 패턴	설명
작업	연결	(n)	페이지 등이 넘어갈 때, 계속 이어지는 부분을 숫자로 표현하여 연결시키는 것이다. n 부분에 숫자를 기재하여 연결 부분을 인식할 수 있도록 한다.
	복사	(C)	문서 등을 복사(copy)하는 것을 의미한다.
	인쇄	(P)	문서 등을 인쇄(print)하는 것을 의미한다. 3D 프린터에 의한 사물의 인쇄도 이 기호를 사용한다.
	합침	⊖	분리된 것을 하나로 합치는 것을 의미한다.
	나눔	⊖	합쳐져 있던 것을 분리하는 것을 의미한다.
	하청	◎	프로세스를 별도로 만들어 두고, 상위 프로세스에서는 구체적인 표현을 생략하여 하위 프로세스를 참조하도록 할 때 사용한다.
판단	수취	△	일반적으로 접수 담당자가 문서나 사물의 기본적인 구성이나 수량 등 접수 요건이 충족하는지를 간단히 점검하여 수취하는 것을 의미한다.
	검증	◇	전문 담당자가 문서나 사물의 세부적인 구성이나 요건이 허용 기준을 충족하는지 세밀히 검증하는 것을 의미한다. 삼각형을 위아래로 붙인 형태로, 똑바로·뒤집어서 검증함을 의미한다.
저장	전자 정보 저장	⬭	파일이나 데이터베이스 등 전자 정보를 저장하는 장소를 의미한다. 하드 디스크의 실린더 형태를 형상화하고 있다.
	문서 정보 저장	⬜	설합이나 캐비닛 등 문서 정보를 저장하는 장소를 의미한다.
	사물 저장	▣	박스나 창고 등 사물을 저장하는 장소를 의미한다.

구분	표기 패턴 구분	표기 패턴	설명
정보	단일 문서	1.	종이나 비닐 등 문서 정보가 하나일 경우를 나타낸다. 1번으로 기재한 곳은 문서번호를 기재하는 곳이며, 이어서 옆에 문서 명을 기재할 수 있다.
	다중 문서	2. / 1. / 2 / 1	2개 이상의 다른 문서가 겹쳐서 흘러갈 경우에 문서간의 순서를 명확히 표현해 준다. 앞 쪽의 문서가 위에 위치하고, 뒤쪽의 문서가 아래에 위치한다. 또한 문서의 오른쪽 하단의 숫자는 문서가 원본인지 복사본인지를 나타낸다. 1번은 원본, 2번 이상은 복사본을 나타낸다.
	반복 문서	1. / n	2개 이상의 같은 문서가 겹쳐서 흘러갈 경우의 표기 패턴이다. 오른쪽 하단의 n은 문서의 매수를 의미한다.
	전자 문서	1.	워드나 프레젠테이션 자료 등과 같은 전자 문서를 의미한다.
	전자 화면	ID NAME	PC모니터, 상황판, 스마트 폰 화면, 태블릿 화면 등 전자 화면을 의미한다. ID, NAME이라고 표시한 부분은 해당 화면에 표시되는 사례를 나타낸 것이다.
사물	능동 사물	✸	로봇, 드론, 자율 주행 자동차, 인공 지능이 탑재된 시스템 등과 같이 능동적인 활동을 수행할 수 있는 사물을 나타낸다.
	피동 사물	⊟	제품, 부품 등과 같이 자체 활동 능력이 없는 피동적인 사물을 의미한다.

구분	표기 패턴 구분	표기 패턴	설명
사물	보조 기업 매체		USB, DVD 등과 같은 보조 기억 매체를 의미한다. CD 케이스 모양을 하고 있다.
	재화		현금, 수표, 신용 카드, 현금 카드 등 지불이 가능한 재화를 의미한다. 다이아몬드 모양을 하고 있어 재화임을 나타낸다.
	인장		직인, 법인 인감, 사용 인감 등과 같이 행정 처리 과정에서 도장을 찍어야 하는 경우에 사용하는 사물을 의미한다.
	증표		주민등록증, 사원증, 운전면허증, 자격증 등 증빙을 할 수 있는 증표로 사용하는 사물을 의미한다. 미국 서부 개척 시대의 보안관 배지같은 모양을 하고 있어, 증표를 의미한다.
흐름	정보 수행 흐름		정보(information)의 흐름을 나타내기 위한 흐름선이다. 얇은 실선을 사용하여 정보의 흐름임을 나타낸다.
	사물 수행 흐름		사물(things)의 흐름을 나타내기 위한 흐름선이다. 굵은 실선을 사용하여 사물의 흐름임을 나타낸다.
	정보 참조 흐름		정보가 흘러가는 과정에서 혼동을 방지하기 위해 연관성 있는 작업임을 확인할 수 있도록 연계 참조가 필요한 부분 간을 연결하여 연관을 지어줄 때 사용한다.
	사물 참조 흐름		사물이 흘러가는 과정에서 혼동을 방지하기 위해 연관성 있는 사물임을 확인할 수 있도록 연계 참조가 필요한 부분 간을 연결하여 연관을 지어줄 때 사용한다.

02

비즈니스 융합도(BCD) 작성의 기본 원리

2.2 BCD의 기본적인 작성 원리

BCD를 작성하는 기본은 정보의 흐름을 표현하는 방법을 터득하는 것이다. 정보의 흐름에는 크게 3가지 요소가 결합한다. 노드(node)에 해당하는 작업, 판단, 저장의 프로세스 요소, 간선(edge)의 역할을 하는 흐름(flow), 간선을 따라 노드에 입·출력되는 정보(information)의 3가지 요소를 결합하여 비즈니스 프로세스의 가치 흐름(value flow)을 형성한다.

이 방법은 전통적인 비즈니스 프로세스 분석(BPA: Business Process Analysis)에 많이 적용해온 방법이기도 하다. 업무의 흐름은 기본적으로 정보의 가치가 변화하는 과정이기 때문이다.

BCD는 다양한 정보와 사물이 복합적으로 연계된 비즈니스 융합 프로세스(BCP: Business Convergence Process)를 표현하지만, 그 기본은 정보 흐름의 분석에 있다.

2.2.1 기본 프로세스 + 정보 + 흐름 표기 방법

비즈니스 융합 프로세스의 가치 흐름 패턴 표기 방법 중 가장 기본이 되는 방법은 기본 프로세스 + 정보 + 흐름의 패턴을 시간의 흐름에 따라 조립하여 표현하는 방법이다.

이때 정보는 반드시 프로세스의 상하좌우의 적절한 위치에 붙여서 표기해야 하며, 흐름은 프로세스와 프로세스를 연결해 표현한다.

(그림 2-2-1-1) 기본 프로세스 + 정보 + 흐름 표기 사례 1

[프로세스 내역]

　1. 파일 저장소에서 문서1(공문) 양식을 파일(전자 문서)로 읽어 들여, 내용을 기재(fill-in) 한다.

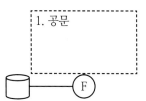

➜ CHECKPOINT

1. 흐름선을 화살표로 나타내지 않을 때 시간의 흐름은 좌에서 우로, 위에서 아래로 흘러간다.

(그림 2-2-1-2) 기본 프로세스 + 정보 + 흐름 표기 사례 2

[프로세스 내역]

　1. 파일 저장소에서 문서1(공문) 양식을 파일(전자 문서)로 읽어 들여 내용을
　　 기재(fill-in) 한 후, 파일을 저장한다.

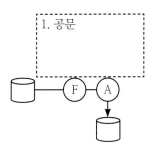

➡ CHECKPOINT

1. 작업에서 A(Activity)로 표기 할 경우 범용적 활동을 나타내며, 화살표를 파일
　 저장소에 향하게 하고 작업 명을 A(Activity)로 나타내면, 저장하는 활동을
　 의미한다.

(그림 2-2-1-3) 기본 프로세스 + 정보 + 흐름 표기 사례 3

[프로세스 내역]

　1. 파일 저장소에서 문서1(공문) 양식을 파일(전자 문서)로 읽어 들여 내용을
　　 기재(fill-in) 한 후, 파일을 저장한다.
　2. 문서1을 인쇄한다.

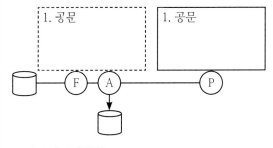

➡ CHECKPOINT

1. 문서1(공문)이라는 정보는 시간의 흐름에 따라 전자 문서 정보에서 인쇄 문서
　 정보로 가치가 변화함을 알 수 있다.

TIP 1　　프로세스와 정보의 표기 방법

▶ 정보와 프로세스는 반드시 붙여서 표기

▶ 정보의 위치는 프로세스의 상하좌우 어디든 표기 가능

▶ 정보의 가치 변화를 충분히 추적 가능할 경우 정보 생략 가능

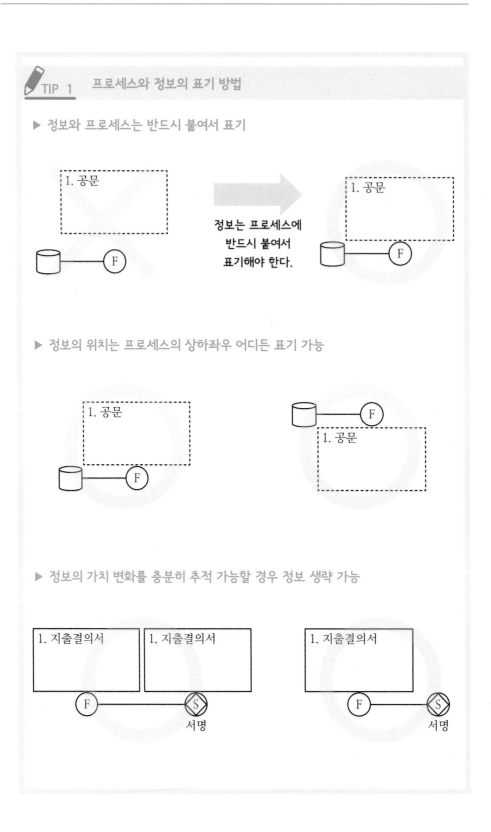

TIP 2   프로세스와 흐름선 연결 방법

▶ 프로세스와 흐름선은 반드시 끊어짐 없이 표기

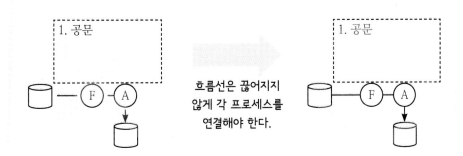

흐름선은 끊어지지
않게 각 프로세스를
연결해야 한다.

 TIP 3   파일의 저장과 업로드 표현 방법(1/2)

파일의 저장과 업로드는 Ⓐ(처리) 표기 패턴을 이용하여 표현한다.

▶ 흐름선의 화살표 방향으로 구분하여 표현하는 방법

[파일 저장]

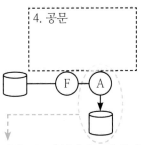

화살표를 파일저장소에 향하게
표기하면, 별도의 활동을
명기하지 않아도 저장하는
활동을 의미한다.

[파일 업로드]

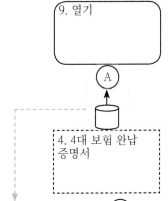

화살표를 파일저장소에서 Ⓐ로 향하게
표기하면, 별도의 활동을 명기하지 않아도
업로드하는 활동을 의미한다.

TIP 3   파일의 저장과 업로드 표현 방법(2/2)

▶ 흐름선의 흐름(좌→우, 상→하 순방향)을 기준으로 표현하는 방법

[파일 저장]

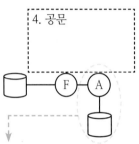

흐름선의 흐름이 순방향인
경우, 화살표 표시가 없고
별도의 활동을 명기하지
않아도 저장하는 활동을
의미한다.

[파일 업로드]

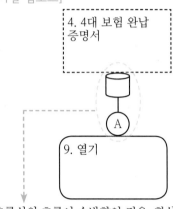

흐름선의 흐름이 순방향인 경우, 화살표
표시가 없고 별도의 활동을 명기하지
않아도 업로드하는 활동을 의미한다.

▶ (A) (처리) 표기 패턴에 활동을 명기하여 표현하는 방법

화살표 없이 표기하는데, 흐름선의 흐름이 순방향이 아닐 경우에는 (A) (처리)
표기 패턴 옆에 활동을 반드시 명기해야 한다.

[파일 저장]

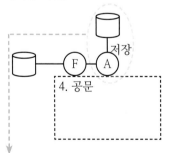

흐름선의 방향과 관계없이
활동의 명기에 따라 저장하는
활동을 의미한다.

[파일 업로드]

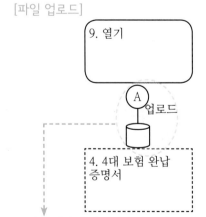

흐름선의 방향과 관계없이 활동의 명기에
따라 업로드하는 활동을 의미한다.

(그림 2-2-1-4) 기본 프로세스 + 정보 + 흐름 표기 사례 4

[프로세스 내역]

1. 나라장터 홈페이지에 접속하여, 인증서 로그인을 한다.

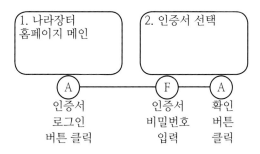

➔ CHECKPOINT

1. 전자 화면에서 선택, 버튼 클릭 등 여러 가지 활동은 (A) (처리) 표기 패턴을 사용하고, 상세한 활동 내역을 작성한다.

(그림 2-2-1-5) 기본 프로세스 + 정보 + 흐름 표기 사례 5

[프로세스 내역]

1. MIS(예산 DB)에서 화면1(가예산 등록 및 예산코드 부여)을 읽어 들여, 내용을 기재(fill-in)하고 MIS(예산 DB)에 저장한다.

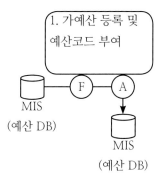

➔ CHECKPOINT

1. 전자 문서 혹은 전자 화면을 읽어 오는 파일 저장소가 PC가 아닌 다른 시스템 또는 DB인 경우 파일 저장소에 해당 명칭을 기재한다.

TIP 4　　**전자 문서와 전자 화면의 차이점**

　　전자 문서와 전자 화면은 모두 PC 모니터 등 전자 매체에서 프로세스를 수행하지만 두 가지 정보는 구분하여 표기해야 한다.

▶ **오피스 프로그램 등 문서 파일의 경우 전자 문서로 표기**

[전자 문서 BCD 표기 방법]

[전자 문서 실물 예시]

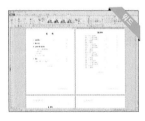  

▶ **정보시스템, 홈페이지 등 화면의 경우 전자 화면으로 표기**

[전자 화면 BCD 표기 방법]

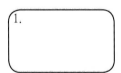

[전자 화면 실물 예시]

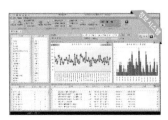  

TIP 5 Ⓐ (처리) 표기 패턴 표현 방법(1/2)

Ⓐ (처리) 표기 패턴은 일반적인 활동(activity) 작업에 범용적으로 사용하는 표기 패턴이다.

Ⓕ (기입), ⓝ (연결), Ⓒ (복사), Ⓟ (인쇄) 등의 표기 패턴과 달리 여러 가지 작업에 쓰일 수 있으므로, 구체적인 활동을 명기해야 한다. 활동을 명기할 때는 동사(verb) 또는 동사구(verb phrase) 형태로 구체적인 조작 행위까지 명확하고 구체적으로 기술한다.

▶ Ⓐ (처리) 표기 패턴 사용 예 1

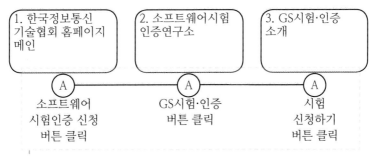

⌐┄▶ 활동을 이해하기 쉽게 구체적으로 작성한다.
    '버튼'이라는 용어에 '클릭한다'라는 구체적인 조작 행위까지 명확하게
    기술해야 한다.

[처리 표기 패턴의 구체적 활동을 잘못 작성한 사례]

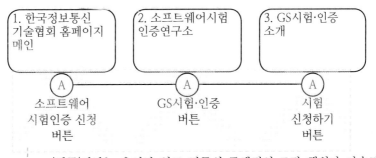

⌐┄▶ '버튼'이라는 용어만 있고 버튼의 구체적인 조작 행위가 기술되어
    있지 않다.

✎ TIP 5　Ⓐ (처리) 표기 패턴 표현 방법(2/2)

▶ Ⓐ (처리) 표기 패턴 사용 예 2

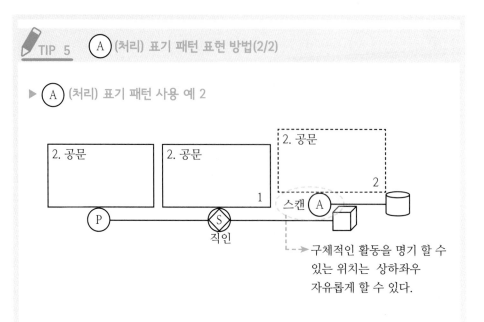

최근에는 스캔(scan)이나 컬러 복사 등을 통해 원본과 거의 똑같은 사본이 만들어지는 경우가 많다. 이 경우에도 실제 원본과 사본은 구분해서 표현해야 한다. 이는 정보 변환이 이루어진 경우에도 예외없이 적용된다. 원래는 '스캔한다'로 표기하는 것이 맞다. 하지만, '한다', '하다' 등과 같은 동사의 현재형 또는 기본형 어미는 편의에 따라 생략해줄 수 있다.

문서 정보에서 원본만 있을 경우에는 번호를 붙이지 않지만, 원본과 사본이 존재하는 경우에는 번호로 구분해서 표현해야 한다.

원본은 오른쪽 아래에 1번, 사본은 2번 이상의 번호를 붙여 구분한다. 1번이라고 번호를 붙인 문서 정보는 언제나 원본이 된다.

[스캔 작업으로 인한 정보 변환 시 원본과 사본의 구분을 하지 않은 사례]

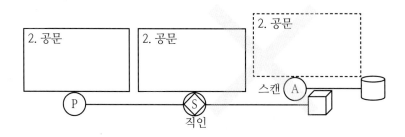

TIP 6   전자 화면 정보의 가치 변화 표현 예시

비즈니스 프로세스를 작성하다 보면, 정보의 가치가 변화한다.
전자 화면의 경우에도 작업을 수행하는 과정에서 인쇄 문서, 전자 문서로 정보의
가치가 변화한다.

▶ 전자 화면 ⇒ 인쇄 문서로 변화하는 경우의 표현 예시

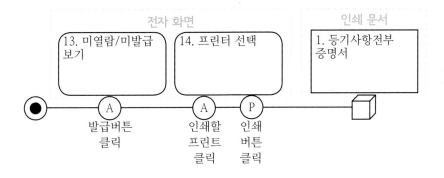

▶ 전자 화면 ⇒ 전자 문서, 인쇄 문서로 변화하는 경우의 표현 예시

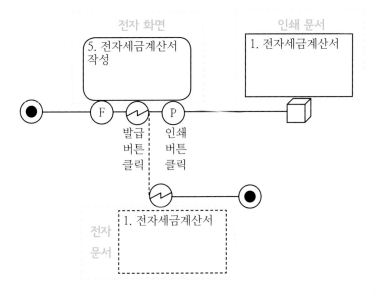

02

비즈니스 융합도(BCD) 작성의 기본 원리

2.2.2 기본 프로세스 + 정보 + 사물 + 흐름 표기 방법

비즈니스 융합 프로세스의 가치 흐름 패턴 표기 방법의 기본인 기본 프로세스 + 정보 + 흐름 패턴에 사물을 더하면 표현이 더욱 다양해진다.

정보 흐름과 사물 흐름의 구분은 흐름선의 굵기로 한다. 정보의 흐름선은 얇은 선으로 표현하고, 사물의 흐름선은 굵은 선으로 표현한다.

사물의 표기는 굵은 선의 시작과 끝의 지점에 하는 것이 원칙이다. 즉, 사물의 역할이 시작되는 지점과 사물의 역할이 끝나는 지점에 사물을 표기한다.

사물의 형태는 다양하므로 사물을 일일이 다른 모습으로 나타내면 패턴이 복잡해진다. 결국은 비즈니스 융합 프로세스가 난해하게 되는 요인으로 작용할 수 있다. 따라서 기본적인 사물 기호를 패턴으로 나타내고, 구체적인 사물 명을 텍스트로 명기하여 표현하는 것이 바람직하다.

(그림 2-2-2-1) 기본 프로세스 + 정보 + 사물 + 흐름 표기 사례 1

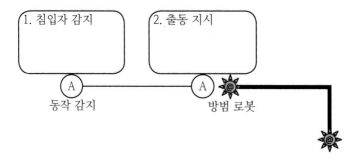

[프로세스 내역]

    1. 주변의 동작을 전자 화면으로 모니터링 하다가 침입자를 감지하면 방범 로봇을 출동시킨다.

    1. 침입자 감지   2. 출동 지시

    A   A

    동작 감지   방범 로봇

→ CHECKPOINT

1. 방범 로봇은 능동 사물이므로 능동 사물 표기 패턴을 사용한다.
2. 전자 화면은 컴퓨터 모니터, CCTV, 스마트 폰 화면 등 전자적 매체 화면을 의미한다.
3. 전자 화면은 주로 단말기에서 사용하므로 전자 화면을 통한 대화 표시가 가능하다.
4. 정보의 흐름선과 사물의 흐름선은 명확하게 구분하여 표현한다.

(그림 2-2-2-2) 기본 프로세스 + 정보 + 사물 + 흐름 표기 사례 2

[프로세스 내역]

  1. 주문이 오면, 인편으로 사과를 배달한다.

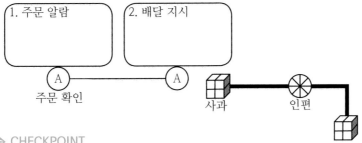

→ CHECKPOINT

1. 사과와 같은 수동 사물은 자체 이동이 불가능하므로 위치를 이동할 때 운반 작업을 흐름선의 중간에 표기한다.
2. 예를들어, 운반 방법이 드론이라면 인편 대신 드론이라고 기재한다. 이처럼 드론과 같은 능동 사물의 경우에도 '운반'과 같이 미리 정의된 기호가 있으면 해당 기호를 우선적으로 적용해야 한다.

(그림 2-2-2-3) 기본 프로세스 + 정보 + 사물 + 흐름 표기 사례 3

[프로세스 내역]

  1. 파일 저장소에서 문서1(제안서) 파일(전자 문서)을 읽어 들여, USB에 저장한다.

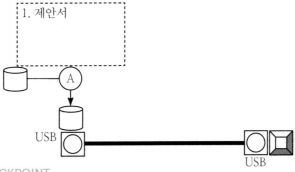

→ CHECKPOINT

1. 보조 기억 매체는 사물이므로 사물 저장소에 보관하는 것으로 표현한다.

✏ TIP 7   (사물 저장) 표기 패턴 표현 방법

정보 흐름의 단말에 있는 저장 표기 패턴은 작업, 판단 등의 활동(activity) 표기 패턴과 연결한다. 그러나 사물 흐름의 단말에 있는 사물 저장 표기 패턴은 사물과 바로 연결하지 않는다.

BCD는 비즈니스 공정이 중심이다. 따라서 비즈니스 공정의 단말에 저장이나 생략 등의 표기 패턴을 연결한다.

사물의 경우에는 능동 사물과 피동 사물이 동시에 존재한다. 능동 사물은 스스로 이동할 수 있으나 피동 사물은 스스로 이동할 수 없다.

비즈니스 융합 공정은 비즈니스 공정이 주체가 되고, 사물의 흐름은 보조적인 역할을 할 뿐이다. 따라서 정보는 공정의 흐름에 따라 가치가 변화하지만, 사물은 공정의 흐름이 진행되어도 가치 변화와는 직접적인 연관성이 없다.

정보는 활동(activity)을 중심으로 가치 변화가 일어나기 때문에 활동(activity)을 뜻하는 작업이나 판단 표기 패턴끼리 연결한다.

사물은 가치 변화와 직접적인 연관성 없이 사물 자체가 이동만 하는 형태이고, 스스로 이동하는 능동 사물과 운반이 필요한 피동 사물이 섞여 있기 때문에 사물을 흐름선에 직접 연결한다.

피동 사물을 이동시키는 ✳ (운반) 표기 패턴은 사물의 흐름을 통제해 주기 때문에 흐름선의 중간에 표기한다.

 (사물 저장) 표기 패턴은 단순히 저장 위치 역할만 하므로 사물 옆에 표기하는 것으로 저장의 의미를 표현한다.

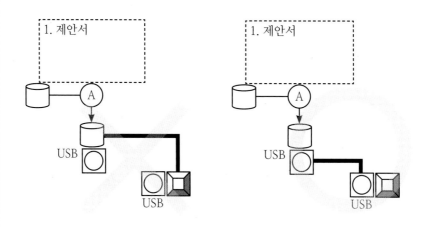

TIP 8   사물 참조 흐름선의 사용

흐름선의 종류는 4가지가 있다. 그중 사물 참조 흐름선은 그 쓰임이 한정적이다.

사물 참조 흐름선은 사물이 흘러가는 과정에서 특정 사물의 실제 모습을 사진이나 그림으로 표현해야 할 경우에만 사용한다.

BCD는 비즈니스가 주체가 되기 때문에 비즈니스 프로세스 내에서 사물의 실제 모습을 추가로 표현하는 것은 필요한 경우로 한정 지어 사용한다.

▶ 사물 참조 흐름선 사용 예1

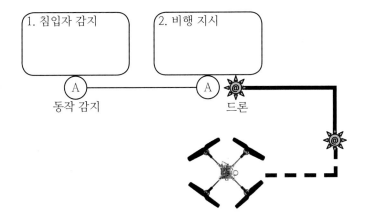

▶ 사물 참조 흐름선 사용 예2

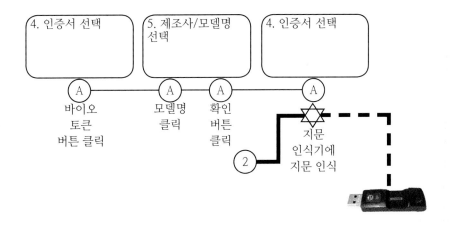

TIP 9 인공지능 등 자동시스템의 표현

@(능동 사물) 표기 패턴은 인공 지능이 탑재된 사물, 드론, 자율주행 자동차 등 스스로 움직이는 사물의 표기 패턴이다. 일반적인 사물과는 달리 스스로 활동을 수행할 수 있다. 따라서 일반적인 활동(activity) 작업과 함께 사용하지만, 사물이기 때문에 전자 문서, 전자 화면 등과 밀접하게 연결되지 않아, 굳이 밀착시켜 표현하지 않아도 된다. 단, 능동 사물의 활동을 개시하는 활동 프로세스의 오른쪽으로 능동 사물을 표기해야 한다.

▶ @(능동 사물) 표기 패턴 사용 예

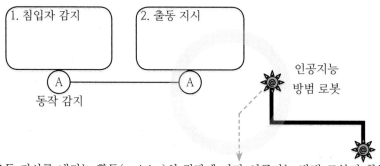

출동 지시를 내리는 활동(activity)의 결과에 따라 인공지능 방범 로봇이 활동을 개시하므로, 출동 지시 활동의 오른쪽 어디든 인공 지능 방범 로봇의 표현이 허용된다.

[능동 사물 표기 패턴의 구체적 작성을 잘못한 사례]

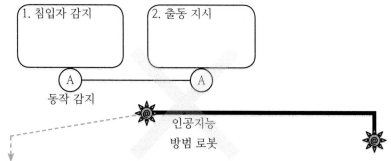

출동 지시를 내리는 활동(activity)의 결과에 따라 인공지능 방범 로봇이 활동을 개시해야 하는데, 능동 사물인 인공지능 방범 로봇이 출동 지시 활동보다 왼쪽에 위치해 있어 출동 지시 전에 움직이는 것으로 표현되었다.

2.2.3 다자간 기본 프로세스 + 정보 + 흐름 표기 방법

다자간이란 기본 프로세스 + 정보 + 흐름이 2개 이상의 서로 다른 업무 수행 주체에 걸쳐서 발생하는 경우를 말한다.

업무 수행 주체 영역의 구분은 각각 프로세스 레인(proess lane)을 별도로 구분하고, 각 레인의 수행 주체 명을 기술한다. 수행 주체의 구분은 비즈니스 융합 프로세스의 추상화 수준에 따라 회사 단위, 부서 단위 등 다양한 수준에서 접근할 수 있다.

다자간 프로세스에서는 프로세스 표기 패턴이 위치한 영역에 따라 수행 주체가 구분되므로 정확한 위치에 프로세스 표기 패턴을 표기해야 한다.

(그림 2-2-3-1) 다자간 기본 프로세스 + 정보 + 흐름 표기 사례 1

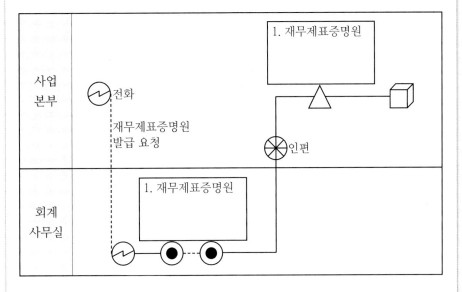

[프로세스 내역]

　1. 사업 본부는 전화로 회계 사무실에 재무제표증명원 발급을 요청한다.
　2. 재무제표증명원이 발급되면, 사업 본부에서 인편으로 찾아온 뒤 문서 보관소에 보관한다.

➔ CHECKPOINT

1. 비즈니스 융합 프로세스에서 몰라도 되는 프로세스 구간은 생략 기호를 써서 생략할 수 있다. 위의 사례의 경우 사업 본부가 주요 수행 주체이므로 회계 사무실의 업무 프로세스는 일부 생략할 수 있다.
2. 운반의 주체는 운반 기호가 위치한 수행 주체(예에서는 사업 본부)가 된다.

TIP 10   (생략) 표기 패턴 표현 방법

수행 주체가 알 필요 없는 프로세스이거나 알 수 없는 프로세스의 경우 구체적인 작업 내용의 표현을 생략할 수 있다. 이 때 사용하는 기호가 (생략) 기호이다.

▶ **이전의 프로세스 표현을 생략하는 경우**

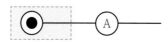

▶ **중간의 프로세스 표현을 생략하는 경우**

▶ **이후의 프로세스 표현을 생략하는 경우**

 TIP 11   (교신) 표기 패턴 표현 방법

▶ **단방향 교신의 경우**   ▶ **양방향 교신의 경우**

교신 표기 패턴이 왼쪽에 위치한 부분이 송신 측이 되고, 오른쪽에 위치한 부분이 수신 측이 된다.   송수신을 행하는 수행 주체 영역에 교신 표기 패턴을 양방향으로 연결한다.

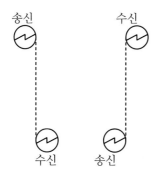  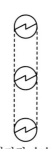

TIP 12 (교신) 표기 패턴을 활용한 온라인/오프라인 소통 표현

BCD에서는 온라인과 오프라인 소통의 표기 패턴을 구분하지 않고, (교신)
표기 패턴을 활용하여 소통을 표현한다.

교신 패턴과 인접한 위치에 소통의 매체, 소통 방식, 소통 내용 등을 기술한다.

소통 방식은 다양하게 나타날 수 있으므로 일일이 표기 패턴을 다르게 하지 않고,
텍스트로 기술함으로써 유연하고 단순한 표현을 유지할 수 있도록 했다.

▶ 온라인 소통 표현 사례

온라인 소통의 경우 이메일, 전화, 웹하드 등 다양한 소통 매체를 기술함으로써
다양하게 응용될 수 있다.

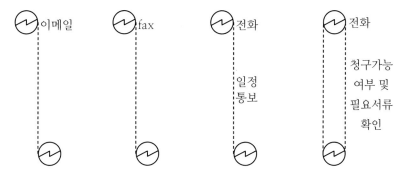

▶ 오프라인 소통 표현 사례

오프라인 소통의 경우 부서 내부 회의, 타기관 회의 등 다양하게 응용될 수 있다.

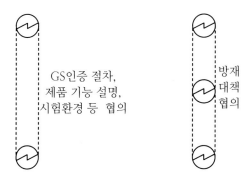

(그림 2-2-3-2) 다자간 기본 프로세스 + 정보 + 흐름 표기 사례 2

[프로세스 내역]

1. 휴가 신청자는 문서1(휴가 신청서) 양식 파일을 읽어 들여 작성 한 후,
   파일을 저장하고 인쇄한다.
2. 문서1에 본인이 서명하고, 팀장(결재권자)에게 결재를 받는다.
3. 결재받은 문서1을 관리 부서에 인편으로 제출한다.

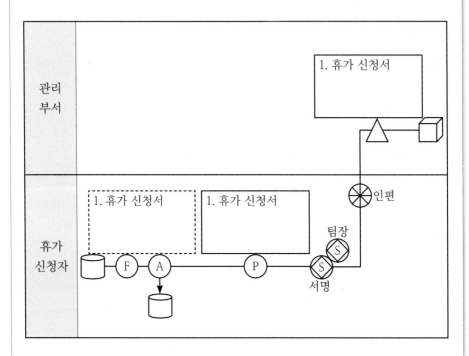

→ CHECKPOINT

1. 결재를 받는 프로세스의 경우 결재권자를 별도의 수행 주체로 구분하지 않고,
   서명 기호를 대각선 방향으로 연결해 표현한다.
   이때, 대각선 위쪽의 서명(signature)이 다중의 결재선상에서 상위에 속하는
   직책이다.
2. 운반 기호가 휴가 신청자 영역에 있으므로 휴가 신청자가 휴가 신청서를 관리
   부서에 제출하는 것을 의미한다.
   만일, 운반 기호가 관리 부서 영역에 있다면 관리 부서의 직원이 휴가 신청자에게
   직접 와서 휴가 신청서를 받아간다는 의미가 된다.

TIP 13 (서명) 표기 패턴 표현 방법

▶ 결재를 받는 경우

담당자가 업무를 처리하면서 결재를 받아야 하는 경우 서명 기호를 대각선 방향으로 위로 연결시키고, 흐름선은 최하위 담당자 서명 기호에 연결시킨다.

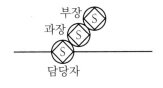

▶ 다른 종류의 서명인 경우

결재가 아닌 다른 종류의 서명을 날인하는 경우에는 차례대로 흐름선으로 연결해 표현하거나, 붙여서 표현한다.

 TIP 14 　수행 주체 구분의 원칙

수행 주체 영역을 구분할 때는 일반적으로 부서 이상의 단위로 한다.
프로세스 작업의 담당자가 다르더라도 같은 부서 내에서 이루어지는 경우에는 영역을 구분하지 않는다. 특히, 부서에 소속되어 있지 않은 각 기관의 대표 등 총괄적인 업무를 수행하는 사람의 경우 수행 주체 영역을 따로 구분하지 않고 주요 프로세스가 이루어지는 영역에 표현한다.

▶ 수행 주체 영역을 구분하지 않는 경우

예1. 회계과의 사원과 회계 과장
예2. 반품 창고의 접수 담당자와 반품 물건 관리자
예3. 품질관리부서와 기관장(대표)

(그림 2-2-3-3) 다자간 기본 프로세스 + 정보 + 흐름 표기 사례 3

[프로세스 내역]

1. 품질 관리 부서에서 문서1(보고서) 양식을 이메일로 사업 수행 부서로 전송한다.
2. 사업 수행 부서는 품질 관리 부서로부터 받은 문서1을 작성하여 파일을 저장한 후, 이메일로 사업 관리 부서로 전송한다.
3. 사업 관리 부서는 사업 수행 부서로부터 받은 문서1에 문서 관리 번호를 작성하여 파일을 저장한다.

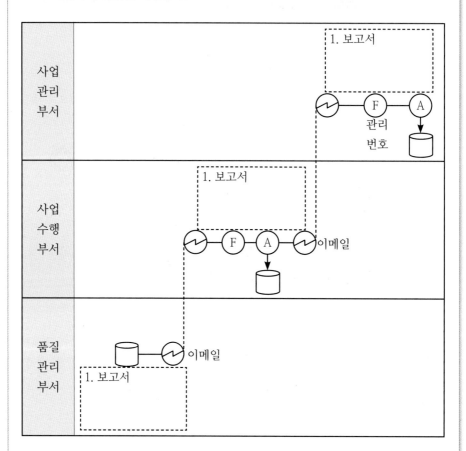

→ CHECKPOINT

1. 수행 주체의 수만큼 수행 주체 영역을 추가하여 작성한다.
2. 문서의 전체적인 작성이 아니라 특별한 항목을 작성해야 하는 경우 (F)(기입) 표기 패턴에 부가 설명을 명기한다.

✏️ TIP 15　온라인 송·수신 표현 시 주의할 점

　　오프라인(offline) 상에서 문서를 받을 때는 △(수취) 표기 표턴으로 작업을 표현한다.

　　그러나 전자 문서를 이메일로 수신하거나, 시스템 상에서 온라인(online)으로 송신하여 수신하는 작업을 표현할 때는 〰️(교신) 표기 외에 별도로 △(수취)를 표기하지 않는다.

▶ 이메일로 전자 문서 송·수신 표현 예시

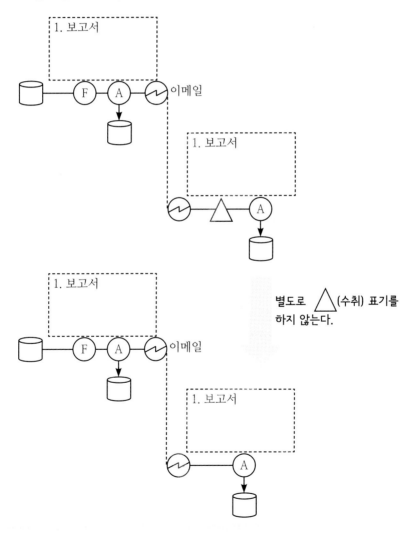

별도로 △(수취) 표기를 하지 않는다.

2.2.4 다자간 기본 프로세스 + 정보 + 사물 + 흐름 표기 방법

다자간 기본 프로세스 + 정보 + 흐름 패턴에 사물을 더하여 표현하는 방법은 다음과 같다.

(그림 2-2-4-1) 다자간 기본 프로세스 + 정보 + 사물 + 흐름 표기 사례

[프로세스 내역]

1. IoT 사업본부에서는 사용인감을 가지고 계약기관에 간다.
2. 계약기관은 계약서를 2부 준비한다.
3. 계약서에는 계약기관의 사용 인감을 날인하고, IoT 사업본부의 사용 인감을 날인하여 1부씩 나눠 갖는다.
4. IoT 사업본부 담당자는 날인한 계약서와 사용 인감을 가지고 와서 보관한다.

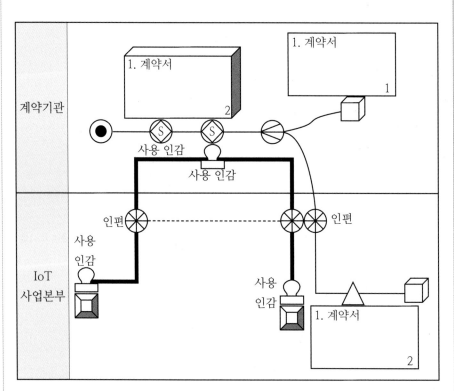

➜ CHECKPOINT

1. 인감이 다른 수행 주체 영역에서 필요한 경우 반드시 사물의 이동을 표현해야 한다.

TIP 16 (서명)과 (인장) 표현의 차이점

(서명)은 프로세스의 작업 부분에 해당하고, (인장)은 사물을 나타낸다. 따라서 도장을 날인하는 일반적인 작업은 (서명)의 표기 패턴을 사용한다.

다만, 수행 주체 영역 내부가 아니라 도장을 가지고 이동해야 하는 경우, 명확한 표현을 위해 사물 표기 패턴인 (인장)을 사용한다.

▶ (서명)만으로 표현 가능한 경우

수행 주체 내부에서의 도장 날인은 (서명) 표기 패턴으로 작업을 표현한다.

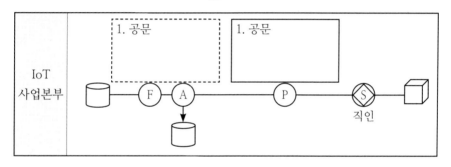

▶ (인장)의 표현이 필요한 경우

수행 주체 영역을 벗어나 인장이 이동해야 하는 경우 (인장)의 사물 표현과 날인 작업 시에는 (서명) 표기 패턴을 함께 표현한다.

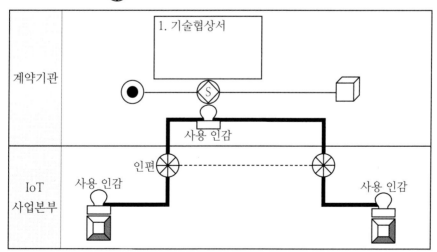

TIP 17   인쇄 문서의 다양한 표현

인쇄 문서는 다양한 형태로 존재한다. 원본 문서와 사본 문서, 단일 문서와 다중 문서, 반복 문서 등이다.

BCD에서는 이러한 여러 가지 문서 형태를 쉽게 구분하여 표현할 수 있다.

▶ **원본 문서와 사본 문서의 표현**

[사본이 존재하지 않는 원본 문서의 표현]

4. 공문   사본이 없는 원본 문서의 경우에는
오른쪽 아래에 아무것도 기록하지 않는다.

[사본이 존재하는 원본 문서와 사본 문서의 표현]

| 4. 공문   원본
             1 | 4. 공문   사본
             2 |

원본 문서에는 오른쪽 아래에   사본 문서에는 오른쪽 아래에
숫자 1을 기록하여 사본이   숫자 2이상을 기록하여
존재하는 원본임을 표현한다.   사본임을 표현한다.

▶ **단일 문서, 다중 문서, 반복 문서의 표현**

     [단일 문서]   [다중 문서]   [반복 문서]

일반적인 하나의   2개 이상의 다른 문서가   2개 이상의 같은
문서임을 표현한다.   같이 이동하는 경우에 표현   문서가 같이 이동하는
                             한다. 문서간의 순서를   경우에 표현한다.
                             명확히 표현할 수 있다.

2.3 BCD의 응용적인 작성 원리

2.3.1 응용 프로세스 + 정보 + 흐름 표기 방법

2개 이상의 복합적인 프로세스가 상호 참조하여 병행 진행할 때 비즈니스 융합 프로세스의 가치 흐름 패턴 표기 방법은 응용 프로세스 + 정보 + 흐름의 패턴을 시간의 흐름에 따라 조립하여 표현한다.

이때 2개 이상의 프로세스에서 중심적인 역할을 하는 프로세스의 흐름선에 있는 작업이 보조적인 역할을 하는 프로세스의 흐름선에 있는 정보를 참조하면서 작업하는 형태를 구성하기 위해, 참조하는 정보의 프로세스와 프로세스 사이의 흐름선에 중심적인 작업의 프로세스를 인접하여 표기한다.

(그림 2-3-1-1) 응용 프로세스 + 정보 + 흐름 표기 사례 1

[프로세스 내역]

1. 파일 저장소에서 문서3(사업 수행 계획서) 양식 파일을 읽어 들이고, 문서 저장소에서 꺼낸 문서1(계약서)과 문서2(과업 지시서)를 참조하면서 문서3의 내용을 기재한다.
2. 문서3의 작성이 끝나면, 문서1과 문서2는 다시 문서 저장소에 보관한다.

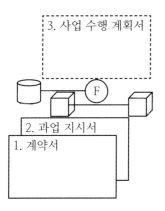

→ CHECKPOINT

1. 문서 저장소의 경우 전자 문서와 인쇄 문서의 모양을 구분하여 표현한다.
2. 문서1을 문서2의 앞에 오도록 표현한 이유는 일반적으로 문서1(계약서)이 맨 앞에 있고, 그 뒤에 문서2(과업 지시서)를 첨부하기 때문이다.

✏️ **TIP 18**　저장 패턴 분류 원칙

　저장 패턴은 크게 ⬭ (전자 정보 저장), ⬛ (문서 정보 저장), ◼ (사물 저장)의 세 가지로 구분된다.

　⬭ (전자 정보 저장)은 파일이나 데이터베이스 등 전자 형태의 정보를 저장하는 것이다. 파일은 그림 파일, 문서 파일, 동영상 파일 등이 있고, 데이터베이스는 RDB, OODB, MMDB, DW 등이 있다.

　⬛ (문서 정보 저장)은 인쇄된 문서 형태의 정보를 보관하는 것이다.

　◼ (사물 저장)은 능동 사물, 피동 사물, 보조 기억 매체, 재화, 인장, 증표 등 사물을 보관하는 것이다.

(그림 2-3-1-2) 응용 프로세스 + 정보 + 흐름 표기 사례 2

[프로세스 내역]

1. 파일 저장소에서 문서3(사업 수행 계획서) 양식 파일을 읽어 들이고, 문서 저장소에서 꺼낸 문서1(계약서)과 문서2(과업 지시서)를 참조하면서 문서3의 내용을 기재한 후, 파일을 저장한다.

2. 문서3의 작성이 끝나면, 문서1과 문서2는 다시 문서 저장소에 보관한다.

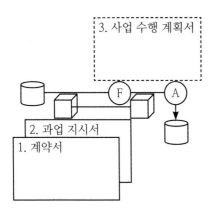

➡️ CHECKPOINT

1. 문서 정보의 문서명 앞에 붙인 번호는 일종의 문서 코드를 의미하며 필요에 따라 순서 번호, 영문 알파벳 순, 특정 코드 체계를 적용할 수 있다.

TIP 19 다른 정보를 참조하는 경우의 표기 방법

참조하는 정보의 프로세스와 프로세스 사이의 흐름선에 중심적인 작업의
프로세스를 인접하여 표기한다.

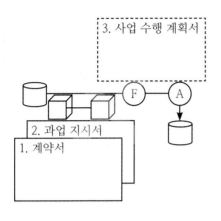

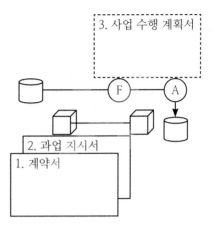

중심 작업 프로세스를
참고 정보 프로세스의
흐름선에 인접하여
표기한다.

중심 작업 프로세스와
참고 정보 프로세스를
인접하여 표기한다.

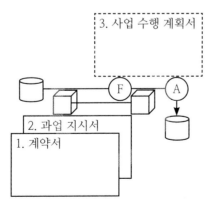

(그림 2-3-1-3) 응용 프로세스 +　정보 + 흐름 표기 사례 3

[프로세스 내역]

1. 파일 저장소에서 문서3(사업 수행 계획서) 양식 파일을 읽어 들이고, 문서 저장소에서 꺼낸 문서1(계약서)과 문서2(과업 지시서)를 참조하면서 문서3의 내용을 기재한 후, 파일을 저장한다.
2. 문서3의 작성이 끝나면, 문서1과 문서2는 다시 문서 저장소에 보관한다.
3. 문서3을 인쇄한다.

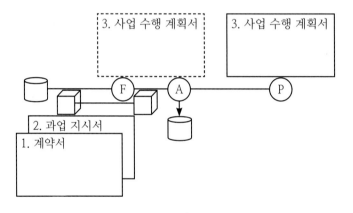

→ CHECKPOINT

1. 문서1(계약서)과 문서2(과업 지시서)는 문서3(사업 수행 계획서)의 작성을 위한 참고용 보조 역할로 시간에 따라 가치가 변화하지 않는다.
2. 문서3(사업 수행 계획서) 정보는 시간의 흐름에 따라 전자 문서 정보에서 인쇄 문서 정보로 가치가 변화했다.
3. 문서1(계약서)과 문서2(과업 지시서)는 문서 저장소에서 꺼내 일정 시간 참조 되다 다시 문서 저장소로 들어간다. 이때 문서 저장소로 들어가는 것은 나중에 어느 시점에서는 다시 꺼내 참조하는 것이 가능한 상태임을 뜻한다.
4. 문서3(사업 수행 계획서)을 작성할 때, 문서1(계약서)과 문서2(과업 지시서)를 참조한다면, 문서1과 문서2를 문서 저장소에서 꺼냈다가 다시 문서 저장소로 저장될 때까지의 흐름선을 최대한 문서3(사업 수행 계획서)의 활동 표기 패턴에 가깝게 밀착되도록 표기해야 한다. 참조 관계에 있는 흐름선을 참조하는 활동에 밀착시켜 참조 관계를 보다 명확하게 나타낼 수 있다.

2.3.2 응용 프로세스 + 정보 + 사물 + 흐름 표기 방법

사물의 흐름이 포함된 2개 이상의 복합적인 프로세스가 상호 참조하여 병행 진행할 때는
응용 프로세스 + 정보 + 사물 + 흐름의 패턴을 시간의 흐름에 따라 조립하여 표현한다.

(그림 2-3-2-1) 응용 프로세스 + 정보 + 사물 + 흐름 표기 사례 1

[프로세스 내역]

   1. 상품의 반품이 접수되면 상태를 심층적으로 검증하고, 화면B1(반품 접수 및
      등록)에 등록하여 반품 리스트 DB에 저장한다.

   2. 문서A1(영수증)은 영수증 철 보관소에, 상품은 반품 창고에 저장 처리한다.

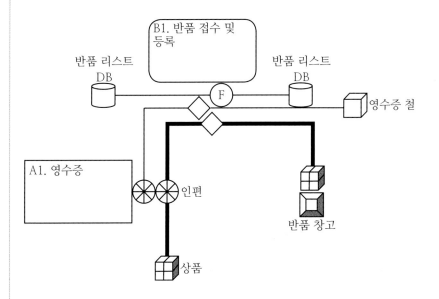

➡ CHECKPOINT

1. 문서, 전자 화면 등 정보에는 조직의 코드 체계에 따라 ID를 정해 기술할 수 있다.

2. 정보의 흐름과 사물의 흐름은 명확하게 구분하여 표현한다.

3. 검증은 품질 검증을 통한 판단을 포함한 심층적 검증을 중심으로 한다. 검증의
   이중 표시는 영수증과 상품의 교차 점검을 통한 판단이 필요하기 때문이다.

4. 일반적으로 수취는 수량 점검, 요건 누락 등의 기본 점검을 통한 판단을 나타낸다.
   따라서 프로세스에 검증이 있는 경우 수취는 검증에 포함된 것으로 보아 표기를
   생략한다.

TIP 20   △ (수취)와 ◇ (검증) 표기 패턴의 구분

▶ △ (수취) 표기 패턴

△ (수취) 표기 패턴은 기본적인 구성, 수량 등 단순한 접수 요건을 확인하여 접수하는 것을 의미한다.

▶ ◇ (검증) 표기 패턴

◇ (검증) 표기 패턴은 세부적인 구성이나, 전문적인 판단·검증 등 다각도에서 세밀하게 검증하고 판단하는 것을 의미한다.

▶ 수취와 검증을 구분하는 포인트

비즈니스 융합 프로세스는 세부적인 논리를 따지는 것이 아니라 융합 환경에서 업무가 어떻게 흘러가는가를 확인하는 것이다. 그렇기 때문에 반복적인 작업, 판단 등과 같은 로직의 변화를 세부적으로 표현하지 않는다.

예를 들어 대형 마트에서 산 제품을 반품하려고 할 때, 접수 담당자는 구입 영수증과 반품 제품을 비교하여 같은 제품인지, 개수가 맞는지 등과 같은 간단한 요건을 점검한다. 이것은 △ (수취) 표기 패턴만으로 충분하다.

그러나 반품 제품에 어떤 하자가 있는지를 점검해야 하는 경우에는 단순히 제품의 동일 여부, 개수 등을 확인하는 것만으로는 부족하다. 정상일 경우와 비정상일 경우를 비교하여 세밀하게 검증해야 한다. 따라서 이 경우에는 ◇(검증) 표기 패턴으로 나타낸다.

참고로, 반드시 세부적인 논리 구조를 표현해야 한다면 논리 흐름을 표현하는 구조화 객체 부품(SOC: Structured Object Component)을 이용한다. 구조화 객체 부품은 정보통신단체 표준(TTAK.KO-11.0196)인 '소프트웨어 논리 구조 표기 지침(Guidelines for Representing the Logic Structure of Software)'을 통해 표준화되어 있다.

TIP 21  (운반) 표기 패턴의 사용 예

▶ 정보와 사물이 같이 이동하는 경우의 표현

정보와 사물이 따로 이동하지 않고, 같이 이동하는 것을 직관적으로 확인할 수 있도록 (운반) 표기 패턴을 붙여서 표현한다.

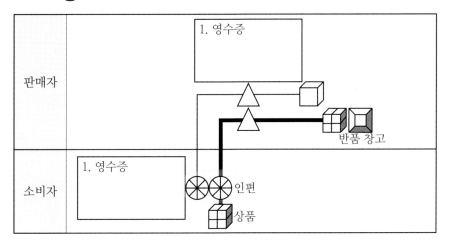

▶ 같은 매체로 이동하는 경우의 표현

여러 프로세스를 거치는 동안 같은 매체가 운반하는 경우에는 같은 매체가 이동하는 것을 직관적으로 확인 할 수 있도록 (운반) 표기 패턴과 패턴 사이에 참조 흐름 보조선을 연결하여 표현한다.

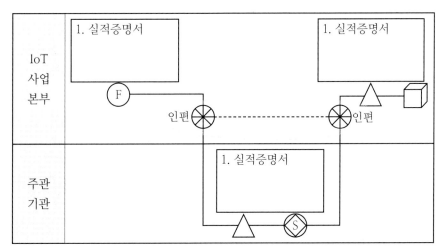

(그림 2-3-2-2) 응용 프로세스 + 정보 + 사물 + 흐름 표기 사례 2

[프로세스 내역]

1. 화면B1(주문 내역)을 참고하면서 문서1(운송장(발송인), 운송장(수신인))을 작성한다. (단, 문서1은 2장이 붙어있는 형태로 한번에 여러장을 같은 내용으로 기입이 가능한 형태이다.)
2. 작성한 문서1을 나눠 1부는 보관하고, 1부는 상품에 부착한다.

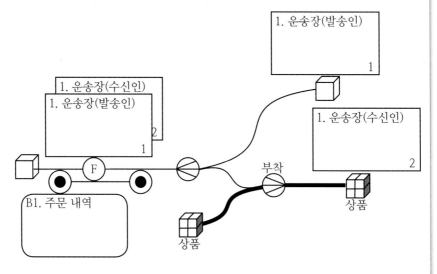

CHECKPOINT

1. 주요 프로세스가 아닌 참조하는 정보의 프로세스인 경우 ●(생략) 기호를 이용해 간략하게 작성한다. 단, 참조하는 정보의 경우에도 정확한 프로세스를 숙지해야 하는 경우에는 상세하게 작성한다.

2. 먹지가 포함된 여러장의 종이가 붙어 있어 한번 기입으로 여러장이 한꺼번에 작성되는 경우(ex. 운송장, 영수증 등)에는 하나의 문서 번호로 내용만 다르게 표현한다. 이 때, 직접 기입이 되는 맨 앞장은 원본으로 보아 문서 오른쪽 아래에 숫자 1을 표기하고, 나머지 복사되어 작성되는 문서는 사본으로 보아 문서 오른쪽 아래에 숫자 2이상을 표기한다.

3. 사물에 정보를 부착하는 경우, ⊘(합침) 기호와 함께 '부착'이라고 표현한다.

4. 사물과 정보를 합한 이후에는 사물의 이동으로 보아 사물 흐름선으로 표현하되, 사물에 부착된 정보는 사물에 인접하게 표시한다. 추후, 정보를 사물에서 다시 떼어내 별도로 처리 또는 보관 등이 필요한 경우에는 ⊘(나눔) 기호를 사용한다.

TIP 22 ⊖(나눔)과 ⊖(합침) 표기 패턴의 사용시 주의사항(1/2)

⊖(나눔)과 ⊖(합침) 표기 패턴은 인쇄된 문서, 사물 등 물리적으로 분할할 수 있는 경우에 사용해야 한다.

아래에서 제시하는 다양한 사례에서처럼 전자 문서 또는 전자 화면의 경우 나눔과 합침 기호를 사용하지 않는다.

▶ 여러 수신 대상자에게 이메일을 발송하는 경우

여러 수신 대상자에게 이메일을 발송하는 경우, 같은 내용으로 이메일을 발송하는 것이 아니라 첨부하는 파일이 다를 경우에도 ⊖(나눔) 기호를 사용하지 않는다.

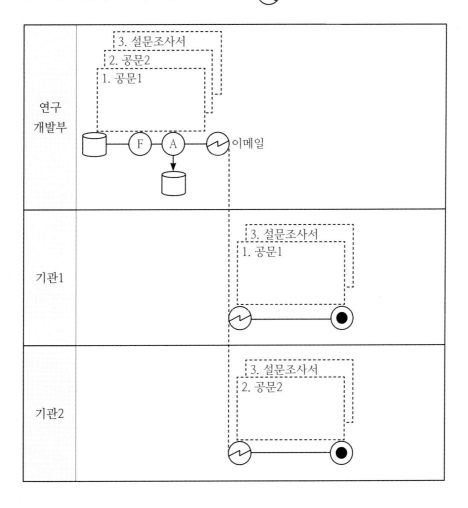

TIP 22   (나눔)과   (합침) 표기 패턴의 사용시 주의사항(2/2)

▶ 함께 처리해야 하는 파일의 위치가 BCD 상에서 다른 경우

BCD 상에서 다른 위치에 있는 파일을 업로드, 이메일 발송, 보조 기억 매체에 저장 등을 위해 함께 처리해야 하는 경우에도   (합침) 기호를 사용하지 않는다.

[파일 업로드 예시]

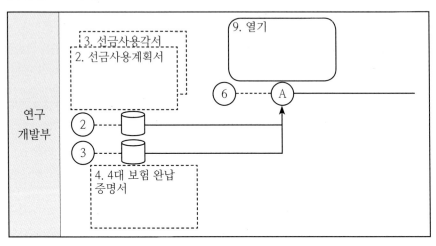

[이메일 발송 예시]

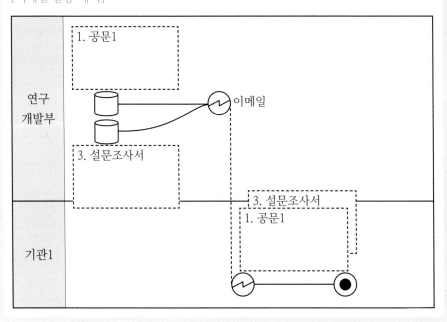

2.3.3 다자간 응용 프로세스 + 정보 + 흐름 표기 방법

2개 이상의 복합적인 프로세스가 상호 참조하여 병행 진행되는 비즈니스 상황이 다자간에 발생할 때는 다자간 응용 프로세스 + 정보 + 흐름의 패턴을 시간의 흐름에 따라 조립하여 표현한다.

(그림 2-3-3-1) 다자간 응용 프로세스 + 정보 + 흐름 표기 사례

[프로세스 내역]

1. 파일 저장소에서 문서3(사업 수행 계획서) 양식 파일을 읽어 들이고, 문서 저장소에서 꺼낸 문서1(계약서)과 문서2(과업 지시서)를 참조하면서 문서3의 내용을 기재한 후, 파일을 저장한다.
2. 문서3의 작성이 끝나면, 문서1과 문서2는 다시 문서 저장소에 보관한다.
3. 문서3을 인쇄한다.
4. 문서3을 주관기관에 등기우편으로 발송한다.
5. 주관기관은 연구개발부로부터 받은 문서3을 접수한다.

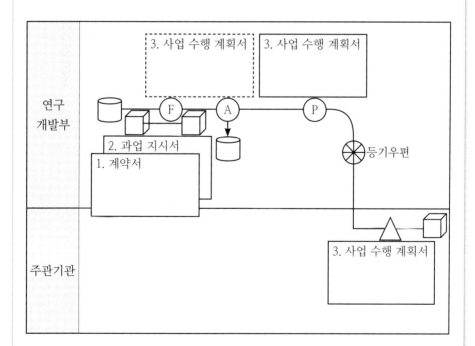

→ CHECKPOINT

1. 운반 기호 표기 시에는 운반의 주체, 운반 방법 등을 정확하게 명시해야 한다.

2.3.4 다자간 응용 프로세스 + 정보 + 사물 + 흐름 표기 방법

다자간 응용적인 프로세스 + 정보 + 흐름 패턴에 사물을 더하여 표현하는 방법은 다음과 같다.

(그림 2-3-4-1) 다자간 응용 프로세스 + 정보 + 사물 + 흐름 표기 사례 1

[프로세스 내역]

1. 재난 감시 드론이 산불 발생 상황을 연락해 오면 재난 감시단은 산불을 감지한다.
2. 재난 감시단은 화면2(재난 상황 및 대응)를 주시하고, 소방 본부는 화면3(재난 상황 및 대응 모니터링)을 주시하면서 재난 감시단과 방재 대책을 협의한다.
3. 재난 감시단은 화면2에 재난 상황과 대응 처리 내역을 기록하여 재난 관리 DB에 저장한다.
4. 소방 본부는 협의한 방안을 근거로 소방 드론에게 출동을 지시하여 산불을 진화한다.

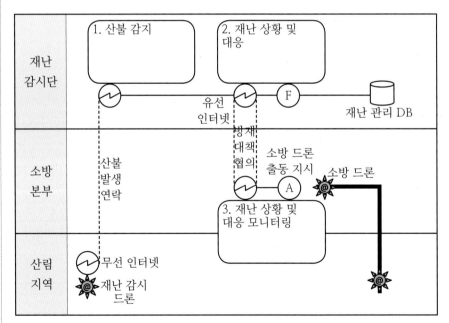

→ CHECKPOINT

1. 드론과 같은 능동 사물이 행동 주체가 될 때는 드론과 사람을 같은 개체로 인정한다. 이 경우 드론과 사람과는 의사 소통 과정의 표현이 가능하다.

(그림 2-3-4-2) 다자간 응용 프로세스 + 정보 + 사물 + 흐름 표기 사례 2

[프로세스 내역]

1. 화면B1(주문 내역)을 참고하면서 문서1(운송장(발송인), 운송장(택배 기사),
   운송장(수신인))을 작성한다. (단, 문서1은 3장이 붙어있는 형태로 1번에
   여러장을 같은 내용으로 기입이 가능한 형태이다.)
2. 상품은 택배 기사를 통해 소비자에게 배송한다.
3. 작성한 문서1을 나눠 1부는 배송 부서에서 보관하고, 1부는 택배 기사, 1부는
   상품에 부착하여 소비자에게 보낸다.

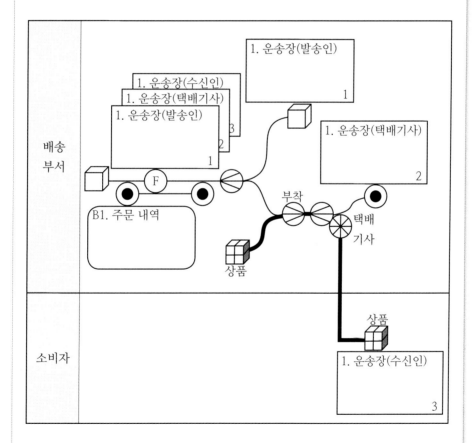

→ CHECKPOINT

1. 택배 기사는 운반의 한 방법이므로 별도의 수행 주체 영역을 만들지 않고, 배송을
   의뢰하는 주체의 수행 영역에 표현한다.

복 / 습 / 과 / 제

문1. BCD 표기 패턴은 각각 명확한 사용 목적을 가지고 있다. 다음의 BCD 기본 표기 패턴중 '인쇄'를 의미하는 것은?

① Ⓐ   ② Ⓕ   ③ Ⓟ   ④ Ⓒ

> **정답** ③
>
> 인쇄는 Print를 의미하는 P자를 포함하는 표기 패턴을 사용 한다.

문2. 다음중 BCD(Business Convergence Diagram)기본 표기 패턴을 잘못 설명한 것은?

① Ⓐ 는 일반적인 허용(accept)에 해당하는 처리를 의미한다.

② Ⓒ 는 문서 등을 복사(copy)하는 것을 의미한다.

③ Ⓕ 는 문서 양식을 채워 넣거나, 데이터를 입력함을 의미한다.

④ Ⓞ 는 하위 프로세스를 참조하도록 하는 것을 의미한다.

> **정답** ①
>
> Ⓐ 는 일반적 활동(activity)에 해당하는 처리를 의미한다.

문3. 비즈니스 융합도(BCD)의 기본 표기 패턴 중 사물 저장을 의미하는 것은?

①   ②   ③   ④

> **정답** ②
>
> 사물 저장 표기 패턴은 박스나 창고 등 사물을 저장하는 장소를 의미한다.

문4. 아래는 BCD의 '나눔' 기본 표기 패턴을 나타내어 설명한 것이다. 맞게 기술한 것은?

① Ⓢ 표기 패턴을 사용하여 Split임을 나타낸다.

② ⊘ 표기 패턴을 사용하여 쪼개서 나눔을 표현한다.

③ ⊗ 표기 패턴을 사용하여 합쳐져 있던걸 분리함을 나타낸다.

④ ✳ 표기 패턴을 사용하여 조각 조각 나눔을 표현한다.

> **정답** ④
>
> '나눔' 표기 패턴은 합쳐져 있던 것을 분리하는 것을 의미하므로, 오른쪽으로 나뉘는 모양이 된다.

복 / 습 / 과 / 제

문5. BCD 표기 패턴중 ◇ 에 대해 올바르게 기술한 것은?

① 문서나 사물의 세부적인 구성이나 요건을 검증함을 의미한다.
② 파일이나 데이터베이스 등 전자 정보를 저장함을 의미한다.
③ 접수 요건을 충족하는지를 간단히 점검하여 수취함을 의미한다.
④ 박스나 창고 등 사물을 저장하는 장소를 의미한다.

정답

삼각형을 위아래로 붙인 형태로 똑바로 뒤집어 검증함을 의미 한다.

문6. 아래는 BCD의 '기본 프로세스 + 정보 + 흐름'의 패턴을 조립하여 나타낸 것이다. 잘못 조립된 것은?

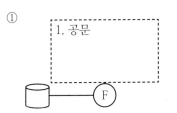

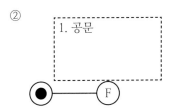

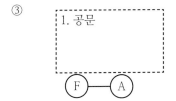

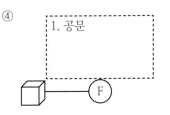

정답

전자 문서는 전자 정보 저장 장소에서 꺼내야 한다. 문서 정보 저장 장소에서 꺼내면 안 된다.

문7. 다음은 비즈니스 융합도(BCD)의 전체 표기 패턴중 ✸@ 패턴에 대해 기술한 것이다. 가장 올바르게 나타낸 것은?

① 자체 활동 능력이 없는 피동적인 사물을 의미한다.
② 증표로 사용하는 사물을 의미한다.
③ 사물을 특정 장소에서 다른 장소로 운반하는 것을 의미한다.
④ 능동적인 활동을 수행할 수 있는 사물을 나타낸다.

정답

로봇, 드론 등과 같이 능동적인 활동을 수행할 수 있는 사물을 나타낸다.

02

비즈니스 융합도(BCD) 작성의 기본 원리

복 / 습 / 과 / 제

문8. 아래의 BCD '기본 프로세스 + 정보 + 흐름'의 패턴 조립 결과에서 가장 잘못 조립된 것은?

정보 표기 패턴과 작업 표기 패턴은 붙여서 조립해 주어야 한다.

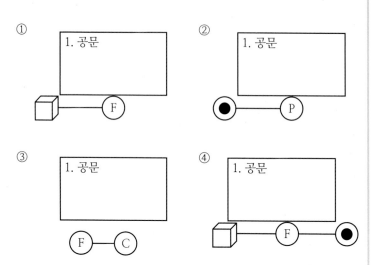

문9. BCD는 비즈니스 프로세스와 사물을 융합하여 표현하는 모형화 방법이다. 다음중 BCD를 올바로 기술한 것은?

생략 표기 패턴은 필요시 자유 롭게 삽입할 수 있다. 이 경우, 생략과 생략 사이에는 파선 형태의 선으로 연결한다.

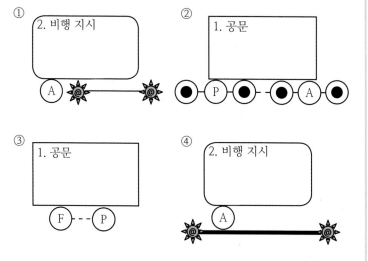

복 / 습 / 과 / 제

문10. 다음은 프로세스, 정보, 사물 등을 표현할 때 비즈니스 융합도 (BCD)를 조립한 사례를 나타낸 것이다. 틀리게 기술한 것은?

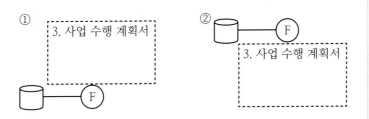

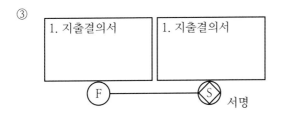

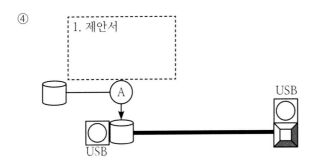

응 / 용 / 과 / 제

과제 1. 자신의 업무와 연관성 있는 '기본 프로세스 + 정보 + 흐름'의 표기 방법
사례를 찾아 BCD로 표현해 보시오.

과제 2. 자신의 업무와 연관성 있는 '기본 프로세스 + 정보 + 사물 + 흐름'의 표기
방법 사례를 찾아 BCD로 표현해 보시오.

과제 3. '다자간 기본 프로세스 + 정보 + 흐름'의 표기 방법 사례를 추가적으로 찾아
BCD로 표현해 보시오.

과제 4. '다자간 기본 프로세스 + 정보 + 사물 + 흐름'의 표기 방법 사례를
추가적으로 찾아 BCD로 표현해 보시오.

과제 5. BCD의 응용적인 작성 원리를 보다 심층적으로 이해하기 위해, 자신의
업무와 연관성 있는 다양한 사례들을 찾아 BCD로 표현해 보시오.

제 3 장

비즈니스 융합도(BCD) 실무

3 비즈니스 융합도(BCD) 실무

비즈니스 융합 프로세스 표기 지침은 기존의 정보 중심 업무 재설계를 대체하여 적용할 수 있다. 기존의 추상도가 높은 표기법과는 달리 온라인과 오프라인을 망라한 세밀한 표현이 가능하여 이것만으로도 업무 매뉴얼로 활용할 수 있는 수준을 확보할 수 있다. 이를 통해 신입 사원 또는 부서 배치를 새로 받은 직원의 업무 적응 교육을 수월하게 행할 수 있다.

3.1 정보 중심 기본 실무에서의 BCD 표기 사례

비즈니스 융합 프로세스(BCP: Business Convergence Process) 중에서 가장 기본이 되는 정보(information) 중심 기본 실무 몇 가지를 사례로 들어 BCD 표기 방법에 대해 자세히 알아보겠다.

첫 번째와 두 번째 사례는 문서 정보 중심의 사례이다.
[사례 1] 사업 수행 계획서 제출 프로세스

문서 정보 중심 # 문서의 복사 # 문서의 합치기

[사례 2] 착수계 제출 프로세스

다양한 형태의 문서 정보 # 문서의 복사 # 문서의 합치기와 나누기

담당자 승인 받아 서류 제출

시스템과 홈페이지를 이용한 업무가 많아지면서 사용 빈도가 높아진 화면 정보 중심의 BCD 표기 방법을 알아보기 위해 특허 출원과 SW 저작권 등록과 관련한 사례를 준비했다.
특허 출원과 관련한 프로세스는 발명 특허 온라인 출원(사례 3), 발명 특허 명세서 최종본 다운로드(사례 4), 통지서 수신(사례 5), 통지서 파일 내용 확인(사례 6), 보정서 기간연장 신청(사례 7) 프로세스이다.
[사례 3] 특허 출원_발명 특허 온라인 출원 프로세스

화면 정보 중심 # 공인인증서 로그인 # 마법사(wizard)

[사례 4] 특허 출원_발명 특허 명세서 최종본 다운로드 프로세스

화면 정보 중심 # 파일 다운로드

[사례 5] 특허 출원_통지서 수신 프로세스

    # 화면 정보 중심 # 파일 다운로드

[사례 6] 특허 출원_통지서 파일 내용 확인 프로세스

    # 화면 정보 중심 # 프로그램 실행

[사례 7] 특허 출원_보정서 기간연장 신청 프로세스

    # 화면 정보 중심 # 공인인증서 로그인 # 마법사(wizard)

SW 저작권 등록과 관련한 프로세스는 SW 저작권 온라인 등록(사례 8), SW 저작권 등록 완료 SW 확인(사례 9) 프로세스이다.

[사례 8] SW 저작권 등록_SW 저작권 온라인 등록 프로세스

    # 화면 정보 중심

[사례 9] SW 저작권 등록_SW 저작권 등록 완료 SW 확인 프로세스

    # 화면 정보 중심

[사례 1] 사업 수행 계획서 제출 프로세스

비즈니스 융합 프로세스 작성 대상

1. 사업을 수주하여 계약이 완료된 후 사업 수행 계획서를 작성하여 주관 기관에 제출하는 프로세스

가정 및 필요 사항

1. 사업 수행 계획서는 공문과 함께 제출하는 것을 전제로 한다.
1. 사업 수행 계획서 작성은 계약서와 과업 지시서를 근거로 하여 작성한다.
2. 사업 수행 계획서의 내용은 사전에 주관기관 사업 담당자와 합의된 것을 전제로 한다.
3. 사업 수행 계획서 발송은 등기 우편을 이용한다.

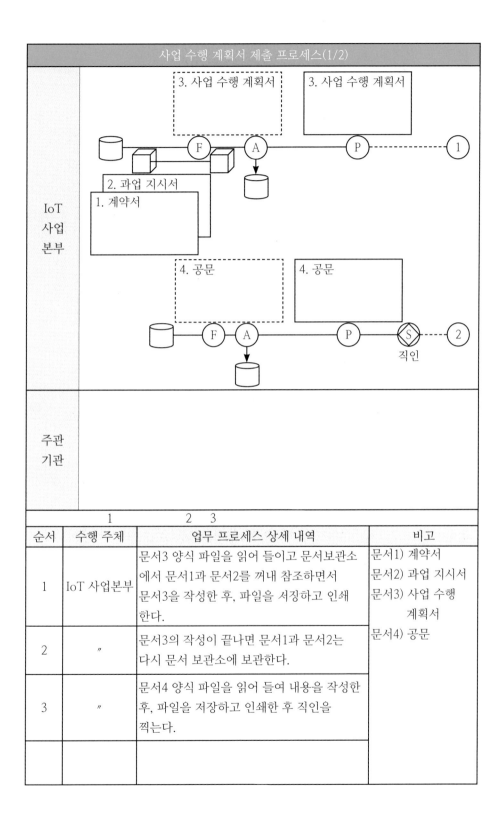

순서	수행 주체	업무 프로세스 상세 내역	비고
1	IoT 사업본부	문서3 양식 파일을 읽어 들이고 문서보관소에서 문서1과 문서2를 꺼내 참조하면서 문서3을 작성한 후, 파일을 서징하고 인쇄한다.	문서1) 계약서 문서2) 과업 지시서 문서3) 사업 수행 계획서 문서4) 공문
2	〃	문서3의 작성이 끝나면 문서1과 문서2는 다시 문서 보관소에 보관한다.	
3	〃	문서4 양식 파일을 읽어 들여 내용을 작성한 후, 파일을 저장하고 인쇄한 후 직인을 찍는다.	

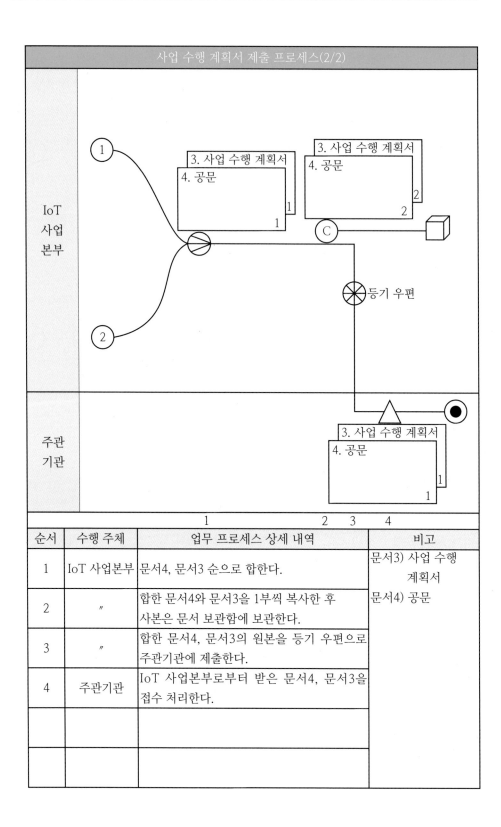

순서	수행 주체	업무 프로세스 상세 내역	비고
1	IoT 사업본부	문서4, 문서3 순으로 합한다.	문서3) 사업 수행 계획서 문서4) 공문
2	〃	합한 문서4와 문서3을 1부씩 복사한 후 사본은 문서 보관함에 보관한다.	
3	〃	합한 문서4, 문서3의 원본을 등기 우편으로 주관기관에 제출한다.	
4	주관기관	IoT 사업본부로부터 받은 문서4, 문서3을 접수 처리한다.	

TIP 23 BCD 작성 표준 서식

BCD를 작성하고, 효율적으로 배포하기 위해서는 표준화된 서식이 필요하다.
본서에서 사용하는 표준 서식과 주요 항목은 다음과 같다.

▶ 표준 양식

수행 주체 1	
수행 주체 2	

★

순서	수행 주체	업무 프로세스 상세 내역	비고

▶ 주요 항목

항목	항목 설명
수행 주체 n	비즈니스 수행 주체별로 프로세스, 정보, 사물 등의 흐름을 BCD 표기 방법에 의거하여 도식화 한다.
★ 공간	해당 프로세스 아래쪽에 순서의 번호를 작성한다.
순서	비즈니스 융합 프로세스 설명을 위한 인련 번호를 부여한다.
수행 주체	비즈니스 융합 프로세스 설명에 해당하는 수행 주체를 작성한다.
업무 융합 프로세스 상세 내역	비즈니스 수행 주체별로 비즈니스 융합 프로세스 상세 내역을 기술한다.
비고	관련 문서, 화면 등 기타 참고 내용을 기술한다.

비즈니스 융합도(BCD) 실무

TIP 24 ⓝ (연결) 표기 패턴 표현 방법

   BCD를 작성하다 보면 한 페이지에 작성하지 못하고 두 페이지 이상으로 작성해야 하는 경우가 대부분이다. 이 경우 프로세스를 연결해 줄 연결 부분이 필요하다. 여기에 ⓝ (연결) 표기 패턴을 사용한다.

   다음의 작성 방법은 효율적인 작성과 쉬운 이해를 위해 고려하여 작성하는 것이 바람직하다.

▶ 바로 다음 페이지에 연결될 경우

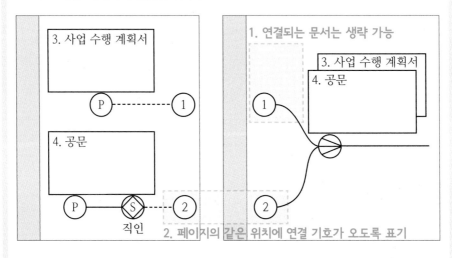

▶ 페이지를 건너뛰어 연결될 경우

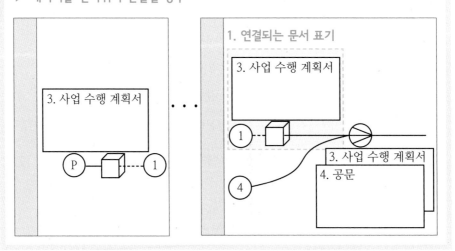

TIP 25　　　**복사하는 작업의 여러 가지 표현**

　　복사라는 같은 작업이라도 전체적인 프로세스 상황에 따라 다르게 표현할 수 있다. BCD를 작성할 때에는 전체적인 프로세스를 고려하여, 이해하기 쉽고 작성하기 간편하게 표현하면 된다.

▶ **주요 작업과 별개로 보조적인 작업으로 표현**

　　원본 문서와 복사한 문서를 합쳐서 다른 작업을 하지 않고, 사본 문서를 바로 보관하는 경우에 용이한 표현 방법이다.

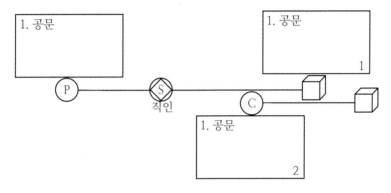

▶ **주요 작업에 추가적인 작업으로 표현**

　　원본 문서와 복사한 문서를 합쳐서 다른 작업을 수행해야 하는 경우에 용이한 표현 방법이다.

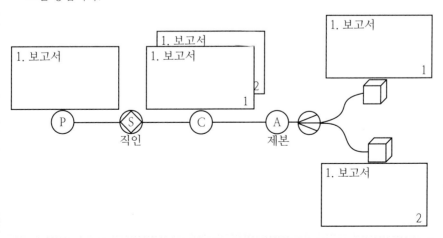

TIP 26   행정 처리의 중요성과 대처 방안

　대한민국에서 경제 활동을 하는 대부분 기업은 규모와 관계없이 직·간접적으로 국가, 지자체 등 공공기관과 연관을 맺는다. 공공기관과 행정적 업무를 어떻게 잘 처리하는가는 기업의 생존 능력의 확보에도 큰 영향을 미친다.

　행정적 업무를 어떻게 처리해야 효율적이고 안정적으로 처리할 수 있을지, 인사 이동이나 신규 채용 등으로 직원의 업무가 바뀌는 경우 인수인계나 업무 교육을 효율적으로 할 방법은 없을지, 일상적인 업무가 아닌 예외적인 업무의 경우 어떻게 대처하는 것이 좋을지 고민이 많아진다.

　다양한 해결 방법이 있을 수 있지만, 그중에서 가장 효과적인 방법은 지침을 만들어 두는 것이다. 업무 지침, 업무 매뉴얼, 마스터 매뉴얼(master's manual) 등의 지침이 있으면, 교육과 업무 참조가 쉬워진다.

　비즈니스 융합도(BCD)는 정보와 사물은 물론 다양한 융합 환경하에서의 표현이 자유로워 이러한 지침을 체계화하는데 잘 활용될 수 있다.

[사례 2] 착수계 제출 프로세스

비즈니스 융합 프로세스 작성 대상

1. 사업을 수주하여 계약이 완료된 후 사업 수행의 시작인 착수계를 제출하는 프로세스

가정 및 필요 사항

1. 착수계 제출을 주관기관 사업 담당자의 서명을 받아 계약 담당자에게 제출하는 것을 전제로 한다.
2. 착수계는 주관기관 사업 담당자 1부, 계약 담당자 1부 총 2부를 제출하는 것을 전제로 한다.
3. 사업 수행 계획서의 내용은 사전에 주관기관 사업 담당자와 합의된 것을 전제로 한다.
4. 착수계는 직접 인편으로 제출하는 것을 전제로 한다.

착수계 제출 프로세스(1/5)			

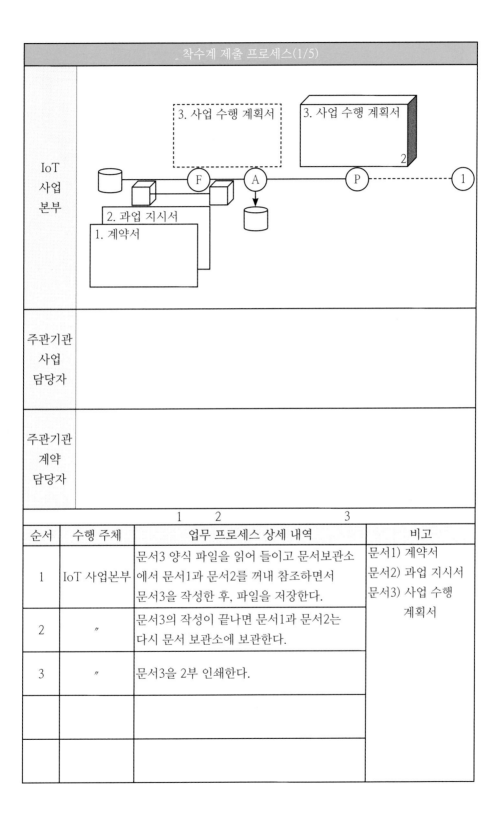

		1 2 3	
순서	수행 주체	업무 프로세스 상세 내역	비고
1	IoT 사업본부	문서3 양식 파일을 읽어 들이고 문서보관소에서 문서1과 문서2를 꺼내 참조하면서 문서3을 작성한 후, 파일을 저장한다.	문서1) 계약서 문서2) 과업 지시서 문서3) 사업 수행 계획서
2	〃	문서3의 작성이 끝나면 문서1과 문서2는 다시 문서 보관소에 보관한다.	
3	〃	문서3을 2부 인쇄한다.	

비즈니스 융합도(BCD) 실무

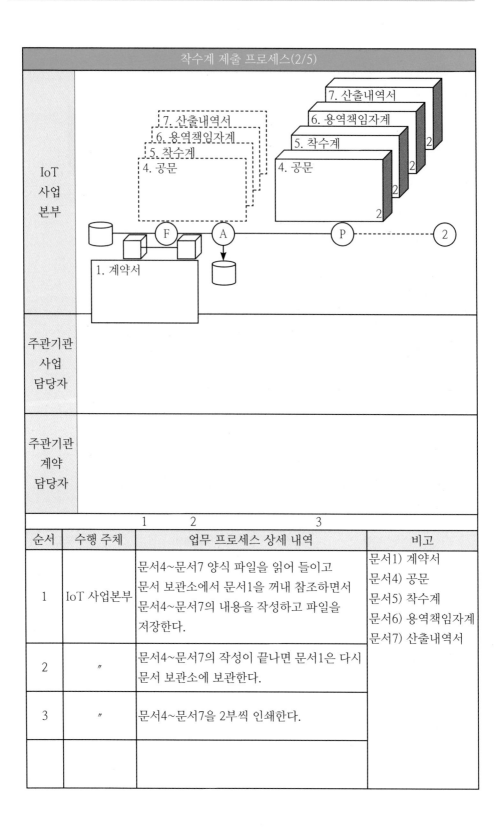

		착수계 제출 프로세스(2/5)	

		1	2	3		

순서	수행 주체	업무 프로세스 상세 내역	비고
1	IoT 사업본부	문서4~문서7 양식 파일을 읽어 들이고 문서 보관소에서 문서1을 꺼내 참조하면서 문서4~문서7의 내용을 작성하고 파일을 저장한다.	문서1) 계약서 문서4) 공문 문서5) 착수계 문서6) 용역책임자계 문서7) 산출내역서
2	〃	문서4~문서7의 작성이 끝나면 문서1은 다시 문서 보관소에 보관한다.	
3	〃	문서4~문서7을 2부씩 인쇄한다.	

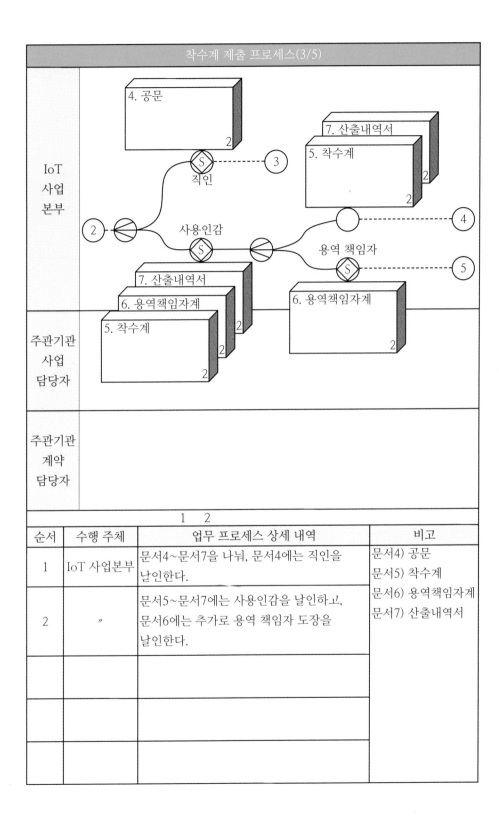

순서	수행 주체	업무 프로세스 상세 내역	비고
1	IoT 사업본부	문서4~문서7을 나눠, 문서4에는 직인을 날인한다.	문서4) 공문 문서5) 착수계 문서6) 용역책임자계 문서7) 산출내역서
2	〃	문서5~문서7에는 사용인감을 날인하고, 문서6에는 추가로 용역 책임자 도장을 날인한다.	

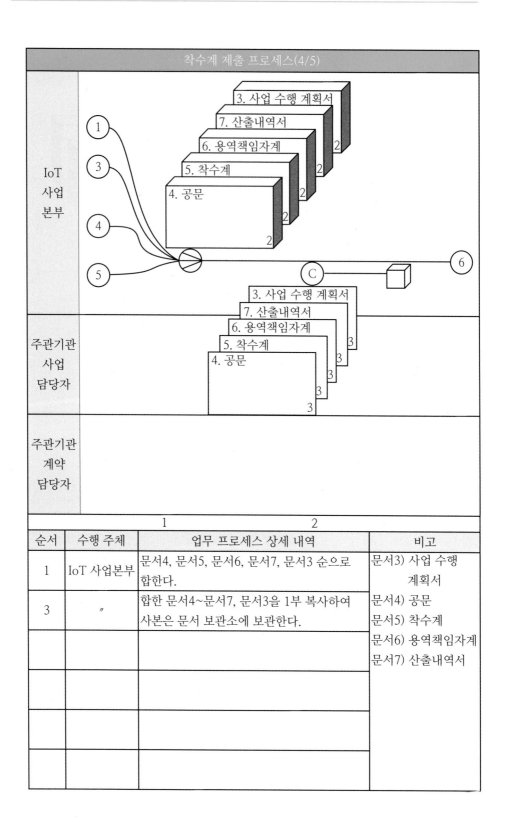

순서	수행 주체	업무 프로세스 상세 내역	비고
1	IoT 사업본부	문서4, 문서5, 문서6, 문서7, 문서3 순으로 합한다.	문서3) 사업 수행 계획서
3	〃	합한 문서4~문서7, 문서3을 1부 복사하여 사본은 문서 보관소에 보관한다.	문서4) 공문 문서5) 착수계
			문서6) 용역책임자계
			문서7) 산출내역서

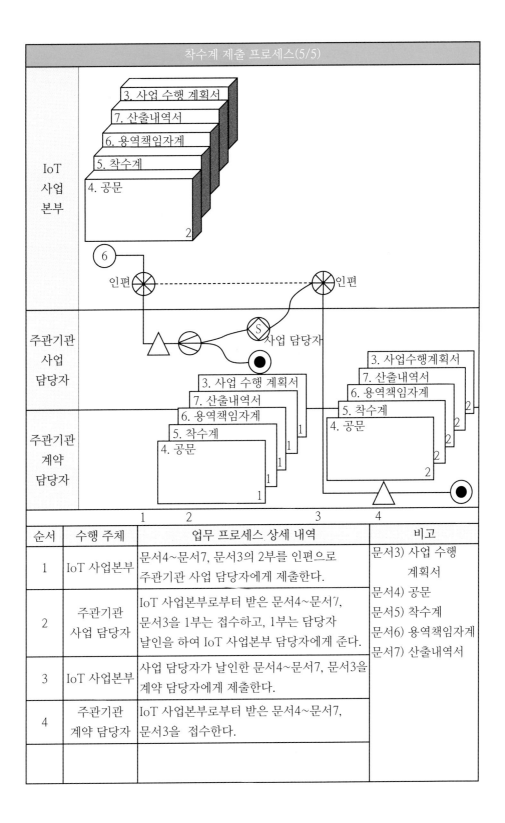

순서	수행 주체	업무 프로세스 상세 내역	비고
1	IoT 사업본부	문서4~문서7, 문서3의 2부를 인편으로 주관기관 사업 담당자에게 제출한다.	문서3) 사업 수행 계획서 문서4) 공문 문서5) 착수계 문서6) 용역책임자계 문서7) 산출내역서
2	주관기관 사업 담당자	IoT 사업본부로부터 받은 문서4~문서7, 문서3을 1부는 접수하고, 1부는 담당자 날인을 하여 IoT 사업본부 담당자에게 준다.	
3	IoT 사업본부	사업 담당자가 날인한 문서4~문서7, 문서3을 계약 담당자에게 제출한다.	
4	주관기관 계약 담당자	IoT 사업본부로부터 받은 문서4~문서7, 문서3을 접수한다.	

03

비즈니스 융합도(BCD) 실무

[사례 3] 특허 출원_발명 특허 온라인 출원 프로세스

비즈니스 융합 프로세스 작성 대상

1. 온라인제출 마법사를 이용해 발명 특허 온라인 출원을 하는 프로세스

가정 및 필요 사항

1. 온라인제출 마법사 프로그램이 사전에 PC에 설치된 것을 전제로 한다.
2. 특허청의 전자출원 소프트웨어 중 서식작성기(KEAPS)를 이용하는 것을 전제로
   한다.
3. 서식작성기에서 '특허출원서' 파일을 서식탐색기로 찾아, 양식을 작성한 후
   제출한다.
 ※ 서식작성기는 다양한 서식을 작성할 수 있는 소프트웨어로서 특허출원서(실용
    신안등록출원서), 디자인출원서, 상표출원서, 명세서 등 보정서, 서지사항
    보정서 등을 작성한다.

TIP 27　　특허로(http://www.patent.go.kr)

▶ 특허로

  특허청에서 운영하는 전자출원 포털 사이트로 특허 전자출원, 특허 등록 신청,
수수료 납부, 증명서 발급 등의 서비스를 제공한다.
  특허로에서는 변리사를 통하지 않고 개인이 직접 특허 출원을 하려는 출원인을
위해 공익변리사 무료상담, 개인출원인 도움말, 전자출원 매뉴얼 등의 서비스를
제공하고 있다.

▶ 특허 출원 절차

  1. 선행기술 조사(의무사항 아님) ⇒　2. 출원인 코드부여 신청(사용자 등록)
  ⇒　3. 출원서 작성 ⇒ 4. 서류 제출 ⇒ 5. 수수료 납부 ⇒ 6. 출원 공개
  ⇒　7. 심사청구 및 심사 ⇒ 8. 등록료 납부

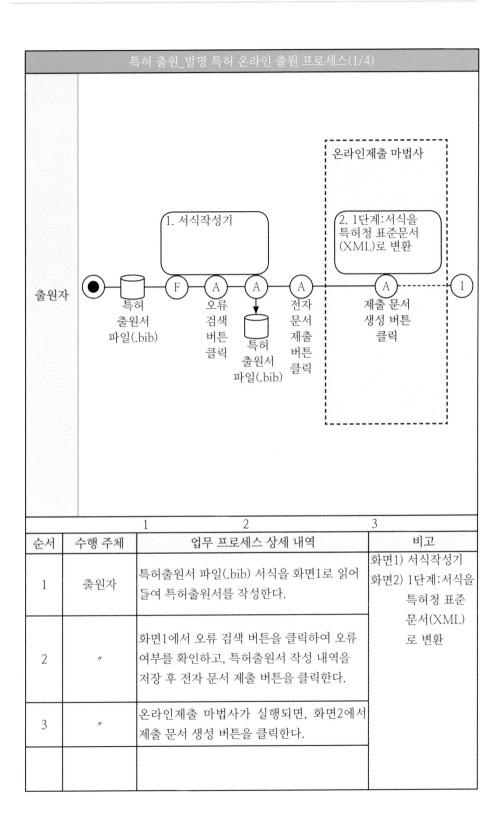

순서	수행 주체	업무 프로세스 상세 내역	비고
1	출원자	특허출원서 파일(.bib) 서식을 화면1로 읽어 들여 특허출원서를 작성한다.	화면1) 서식작성기 화면2) 1단계:서식을 특허청 표준 문서(XML) 로 변환
2	〃	화면1에서 오류 검색 버튼을 클릭하여 오류 여부를 확인하고, 특허출원서 작성 내역을 저장 후 전자 문서 제출 버튼을 클릭한다.	
3	〃	온라인제출 마법사가 실행되면, 화면2에서 제출 문서 생성 버튼을 클릭한다.	

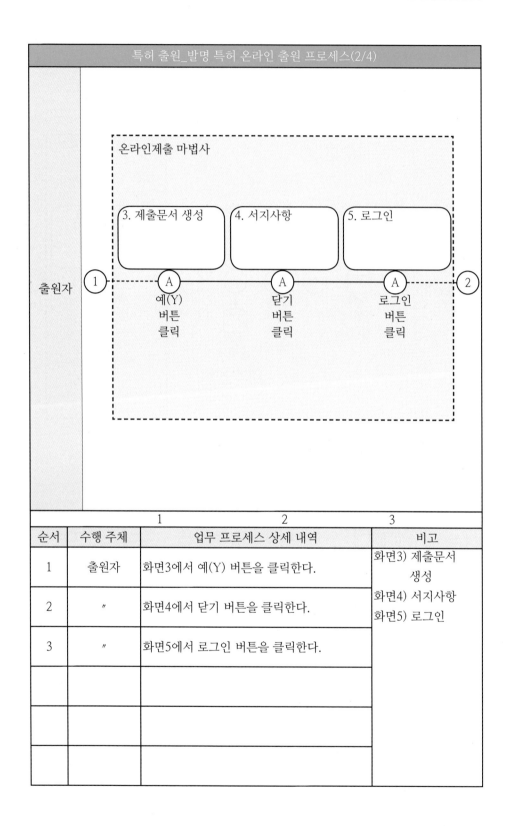

순서	수행 주체	업무 프로세스 상세 내역	비고
1	출원자	화면3에서 예(Y) 버튼을 클릭한다.	화면3) 제출문서 생성
2	〃	화면4에서 닫기 버튼을 클릭한다.	화면4) 서지사항
3	〃	화면5에서 로그인 버튼을 클릭한다.	화면5) 로그인

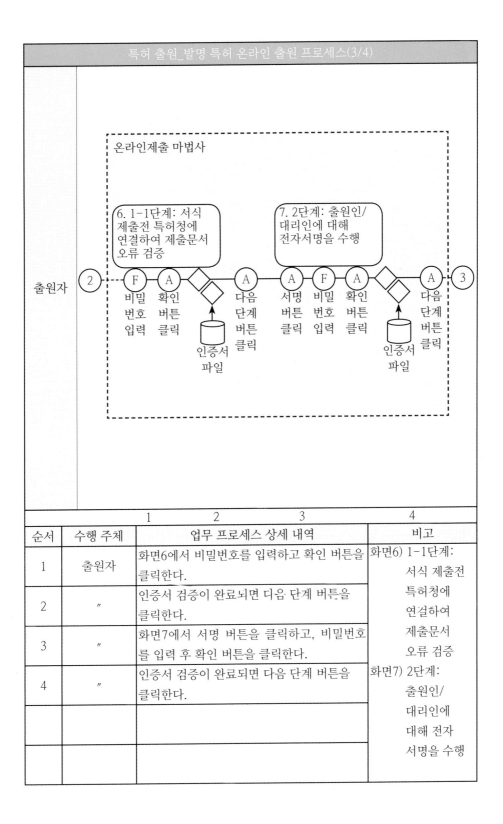

		1	2	3	4	
순서	수행 주체	업무 프로세스 상세 내역				비고
1	출원자	화면6에서 비밀번호를 입력하고 확인 버튼을 클릭한다.				화면6) 1-1단계: 서식 제출전 특허청에 연결하여 제출문서 오류 검증
2	〃	인증서 검증이 완료되면 다음 단계 버튼을 클릭한다.				
3	〃	화면7에서 서명 버튼을 클릭하고, 비밀번호를 입력 후 확인 버튼을 클릭한다.				화면7) 2단계: 출원인/ 대리인에 대해 전자 서명을 수행
4	〃	인증서 검증이 완료되면 다음 단계 버튼을 클릭한다.				

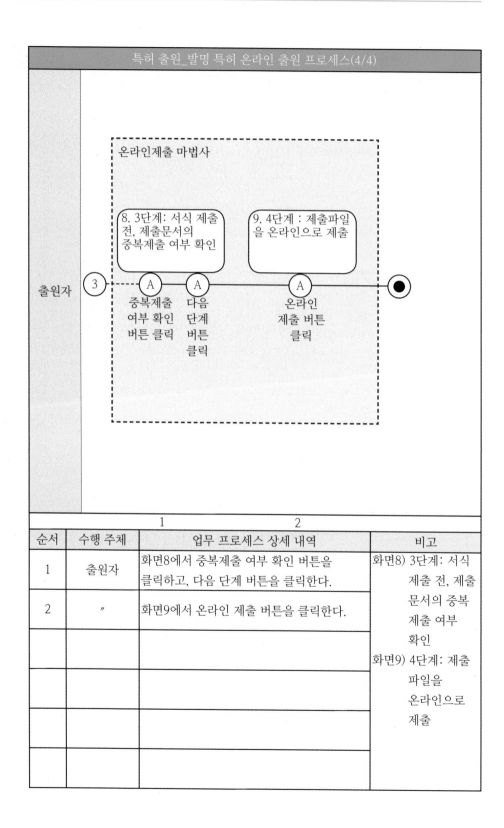

순서	수행 주체	업무 프로세스 상세 내역	비고
1	출원자	화면8에서 중복제출 여부 확인 버튼을 클릭하고, 다음 단계 버튼을 클릭한다.	화면8) 3단계: 서식 제출 전, 제출 문서의 중복 제출 여부 확인
2	〃	화면9에서 온라인 제출 버튼을 클릭한다.	화면9) 4단계: 제출 파일을 온라인으로 제출

TIP 28　로그인의 여러 가지 표현방식(1/2)

　많은 업무들이 시스템화 되면서, 업무 처리를 위해 홈페이지나 시스템 등에 로그인을 해야 하는 경우가 많다.

　보안이 강화되면서 기존에 아이디와 비밀번호만으로 로그인하는 방식에서 공인인증서, 보안 토큰 등 로그인 방식이 다양해지고 있다. 로그인 방식이 다양해짐에 따라 BCD 표현 방법도 달라진다.

▶ 아이디와 비밀번호만으로 로그인을 하는 경우

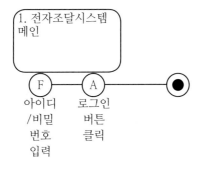

▶ 공인인증서 등으로 로그인을 하는 경우

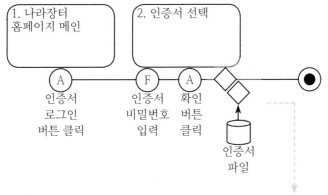

인증서가 저장된 매체에서 인증서를 읽어들여 사용자를 검증하는 작업의 표현
※ 단, 인증서의 위치는 사용자의 환경에 따라 하드디스크, USB 등 다양하므로, USB를 연결하는 등의 작업은 표현하지 않는다.

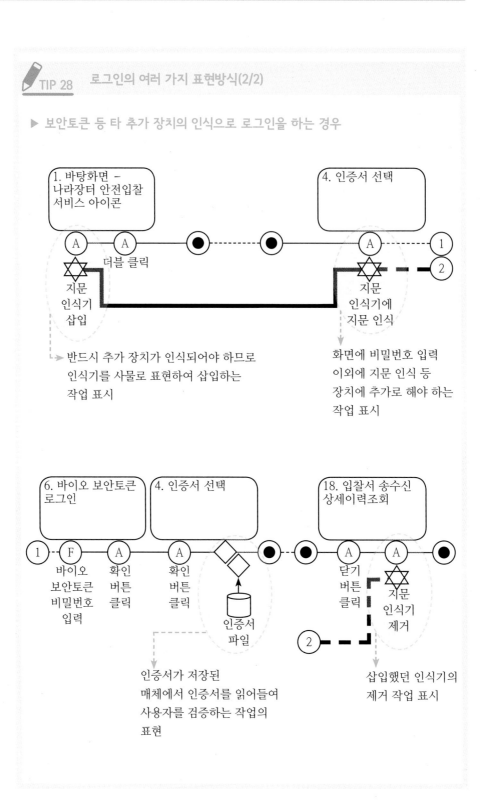

TIP 28   로그인의 여러 가지 표현방식(2/2)

▶ 보안토큰 등 타 추가 장치의 인식으로 로그인을 하는 경우

1. 바탕화면 –
나라장터 안전입찰
서비스 아이콘

4. 인증서 선택

(A) 더블 클릭
지문
인식기
삽입

(A)
지문
인식기에
지문 인식

➜ 반드시 추가 장치가 인식되어야 하므로
인식기를 사물로 표현하여 삽입하는
작업 표시

화면에 비밀번호 입력
이외에 지문 인식 등
장치에 추가로 해야 하는
작업 표시

6. 바이오 보안토큰
로그인

4. 인증서 선택

18. 입찰서 송수신
상세이력조회

(1)(F)(A)
바이오   확인
보안토큰   버튼
비밀번호   클릭
입력

(A)
확인
버튼
클릭

인증서
파일

(A)(A)
닫기   지문
버튼   인식기
클릭   제거

인증서가 저장된
매체에서 인증서를 읽어들여
사용자를 검증하는 작업의
표현

삽입했던 인식기의
제거 작업 표시

03

비즈니스 융합도(BCD) 실무

TIP 29 같은 전자 화면에서 여러 가지 활동을 수행해야 할 경우의 표현 방법

BCD를 작성하다 보면, 같은 전자 화면에 여러 가지 활동을 수행해야 하는 경우가 많이 발생한다. 이럴 경우에는 2가지 표현 방법이 있다.

첫 번째 방법은 전자 화면 하나에 여러 가지 활동을 그대로 이어서 표현한다.

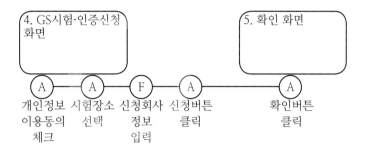

두 번째 방법은 전자 화면을 인접하게 나란히 붙여 표기한다. 나란히 붙여 표기하는 전자 화면의 갯수는 제한이 없다.

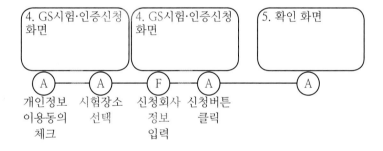

표기 패턴은 표준화된 크기를 그대로 사용해야 하며, 임의로 변경하여 표기하지 않아야 한다.

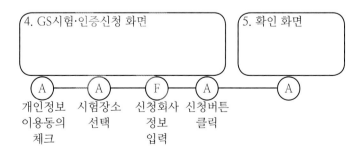

TIP 30   프로세스와 정보의 영역

하나의 정보에서 여러 가지 작업을 하는 경우 프로세스는 있지만, 정보가 같이 표현되지 않는 경우가 있다.

이럴 경우 프로세스는 좌측에 있는 정보의 작업 프로세스이다.

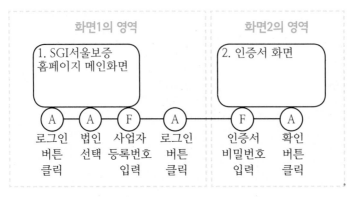

정보에 해당하는 프로세스의 혼동을 막기 위해 일정한 간격을 벌려서 작성하는 것이 좋다.

이때 주의할 점은 정보의 시작 지점을 기준으로 우측에 있는 프로세스만 그 정보의 작업이라는 점이다. 단, 프로세스의 시작 지점에서는 정보의 좌측에 있는 프로세스도 첫 번째 표기된 정보의 프로세스로 간주한다.

아래와 같이 작성하는 경우 '로그인 버튼 클릭'이라는 작업은 화면1의 프로세스로 볼 수 없게 된다.

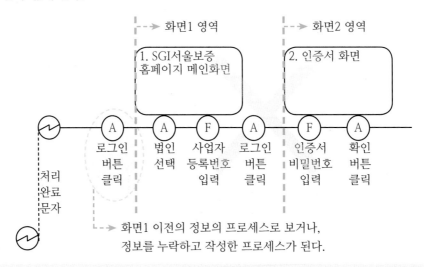

TIP 31 영역의 구분 표시(1/2)

비즈니스 융합도(BCD: Business Convergence Diagram)를 사용하여 비즈니스 융합 프로세스(BCP: Business Convergence Process)를 모형화할 때, 영역의 구분이 필요한 경우가 있다.

▶ **마법사(wizard)를 이용한 프로세스의 표현**

온라인 제출 마법사, 설치 마법사 등과 같이 일련의 연속된 프로세스가 하나의 그룹으로 뭉쳐져 있는 마법사(wizard)를 이용한 프로세스를 표현할 경우에는 마법사가 실행되는 영역을 구분하여 표시하면 프로세스를 이해하는데 쉽다.

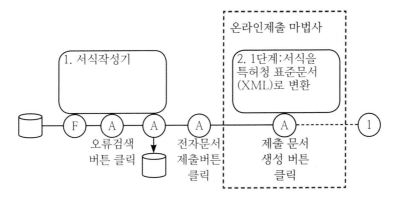

▶ **홈페이지, 정보 시스템을 이용한 프로세스의 표현**

홈페이지, 정보 시스템 등에 접속하여 업무를 수행하는 경우에는 수행 주체 영역 내에 접속하는 시스템 영역을 구분하여 표시한다.

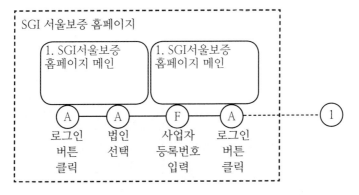

TIP 31 영역의 구분 표시(2/2)

▶ 단순한 장소의 이동, 자동화 기기를 이용한 프로세스의 표현

　장소를 이동하거나 자동화 기기 등을 사용하여 업무를 수행하는 경우에는 장소는 이동하였지만 프로세스를 수행하는 수행 주체는 동일하므로, 이동된 장소, 이동하여 사용하는 기기 등의 영역을 구분하여 표시한다.

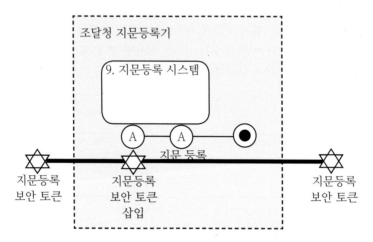

　단, 이동한 장소, 기기의 사용에서 다른 수행 주체의 업무 협조가 있는 경우에는 수행 주체 영역을 추가하여 표현해야 한다.

[사례 4] 특허 출원_발명 특허 명세서 최종본 다운로드 프로세스

비즈니스 융합 프로세스 작성 대상

1. 특허로에서 발명 특허 명세서 최종본을 다운로드 하는 프로세스

가정 및 필요 사항

1. 특허로(http://www.patent.go.kr)에 접속하여, 공인 인증서 로그인까지 완료된 상태임을 전제로 한다.

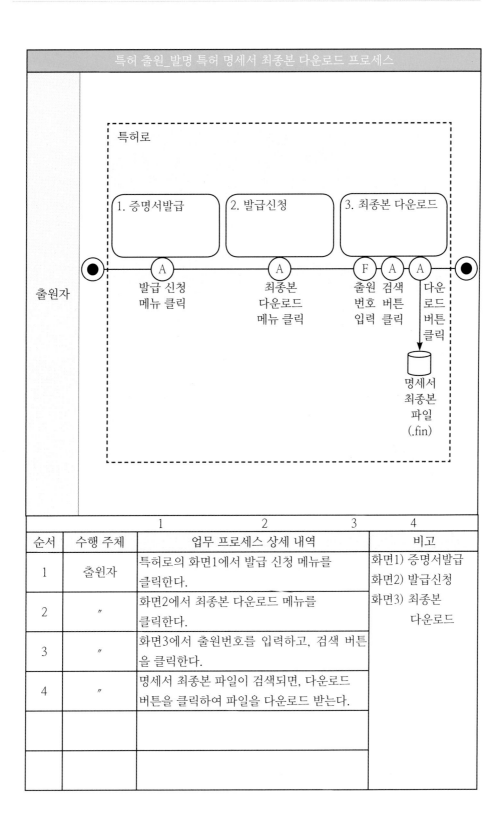

순서	수행 주체	1　　　　　2　　　　　3　　　　4 업무 프로세스 상세 내역	비고
1	출원자	특허로의 화면1에서 발급 신청 메뉴를 클릭한다.	화면1) 증명서발급 화면2) 발급신청 화면3) 최종본 다운로드
2	〃	화면2에서 최종본 다운로드 메뉴를 클릭한다.	
3	〃	화면3에서 출원번호를 입력하고, 검색 버튼을 클릭한다.	
4	〃	명세서 최종본 파일이 검색되면, 다운로드 버튼을 클릭하여 파일을 다운로드 받는다.	

TIP 32　　발명 특허 명세서의 유형

▶ 발명 특허 출원 시

발명 특허 출원을 위한 명세서 작성은 특허청 전자문서 작성 SW를 이용한다.
최초에 작성되는 명세서의 확장자는 '.HLT'이고, 아래의 4가지를 작성할 수 있다.
① 명세서 : 발명의 명칭, 기술분야, 발명의 배경이 되는 기술, 선행 기술 문헌,
　　발명의 내용, 도면의 간단한 설명, 발명을 실시하기 위한 구체적인 내용, 산업상
　　이용 가능성, 부호의 설명 등을 포함
② 특허 청구 범위 : n개의 청구항
③ 요약서 : 요약, 대표도
④ 도면 : n개의 도(圖)
작성된 초안은 기재 불비 체크를 거쳐 확장자 '.HLZ' 파일로 변환된다.
특허청에는 '.HLZ' 파일 형태로 특허 출원 신청서에 첨부하여 제출한다.

▶ 발명 특허 보정 시

　특허 심사가 진행되는 과정에서 특허 출원자의 필요성 또는 특허청으로부터의
의견 제출 요청에 의하여 보정서를 제출해야 하는 경우가 있다. 이런 경우에는
보유하고 있는 '.HLZ' 파일을 이용하면 안되고, 반드시 특허로 사이트에서 확장자
'.fin'의 발명 특허 명세서 최종본을 다운로드 받아 보정해야 한다.

[사례 5] 특허 출원_통지서 수신 프로세스

비즈니스 융합 프로세스 작성 대상

1. 특허로에서 특허 출원 관련 통지서를 수신하는 프로세스

가정 및 필요 사항

1. 특허로(http://www.patent.go.kr)에 접속하여, 공인 인증서 로그인까지 완료된
　 상태임을 전제로 한다.

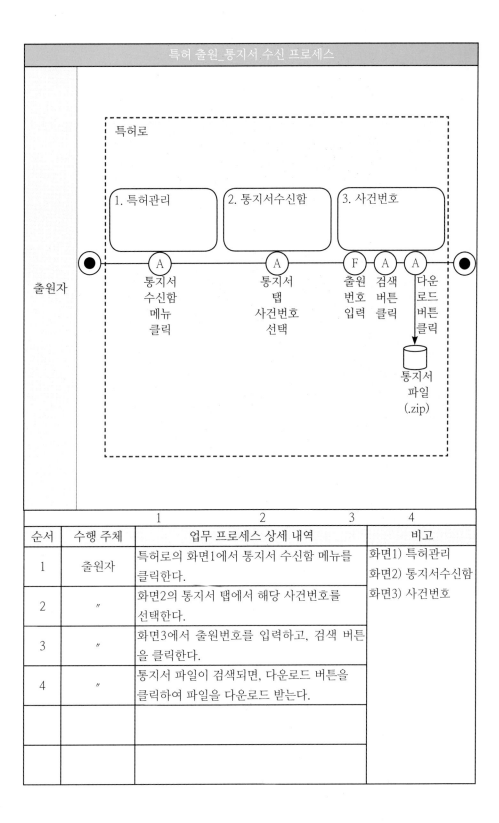

순서	수행 주체	업무 프로세스 상세 내역	비고
1	출원자	특허로의 화면1에서 통지서 수신함 메뉴를 클릭한다.	화면1) 특허관리 화면2) 통지서수신함 화면3) 사건번호
2	〃	화면2의 통지서 탭에서 해당 사건번호를 선택한다.	
3	〃	화면3에서 출원번호를 입력하고, 검색 버튼을 클릭한다.	
4	〃	통지서 파일이 검색되면, 다운로드 버튼을 클릭하여 파일을 다운로드 받는다.	

TIP 33   Ⓐ (처리) 표기 패턴의 활동 내용 작성의 유연성

같은 전자 화면에서 Ⓐ (처리) 표기 패턴을 이용해 다수의 활동을 수행해야 하는 경우에는 2가지 표현 방법을 사용할 수 있다.

첫 번째 방법은 각 활동별로 하나의 Ⓐ (처리) 표기 패턴에 하나의 활동을 표기하는 것이다.

두 번째 방법은 하나의 Ⓐ (처리) 표기 패턴에 각 활동을 순차적으로 모두 표기하는 것이다.

▶ 활동별로 각각 표기

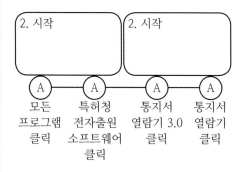

▶ 하나의 패턴에 활동을 모두 표기

03

[사례 6] 특허 출원_통지서 파일 내용 확인 프로세스

비즈니스 융합 프로세스 작성 대상

1. 통지서열람기를 통해서 통지서 파일 내용을 확인하는 프로세스

가정 및 필요 사항

1. 특허로(http://www.patent.go.kr)에서 통지서 파일을 다운로드 받아 놓은 것을 전제로 한다.
2. 통지서열람기3.0 사용을 전제로 한다.(단, 통지서열람기 버전이 바뀌더라도 사용 방법은 동일함.)

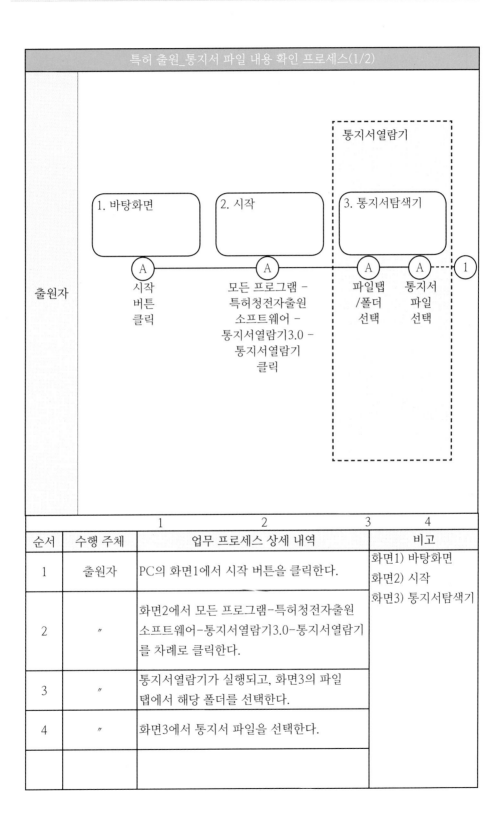

순서	수행 주체	업무 프로세스 상세 내역	비고
		1	**2**	**3**	**4**
1	출원자	PC의 화면1에서 시작 버튼을 클릭한다.	화면1) 바탕화면 화면2) 시작 화면3) 통지서탐색기
2	〃	화면2에서 모든 프로그램-특허청전자출원 소프트웨어-통지서열람기3.0-통지서열람기를 차례로 클릭한다.	
3	〃	통지서열람기가 실행되고, 화면3의 파일 탭에서 해당 폴더를 선택한다.	
4	〃	화면3에서 통지서 파일을 선택한다.	

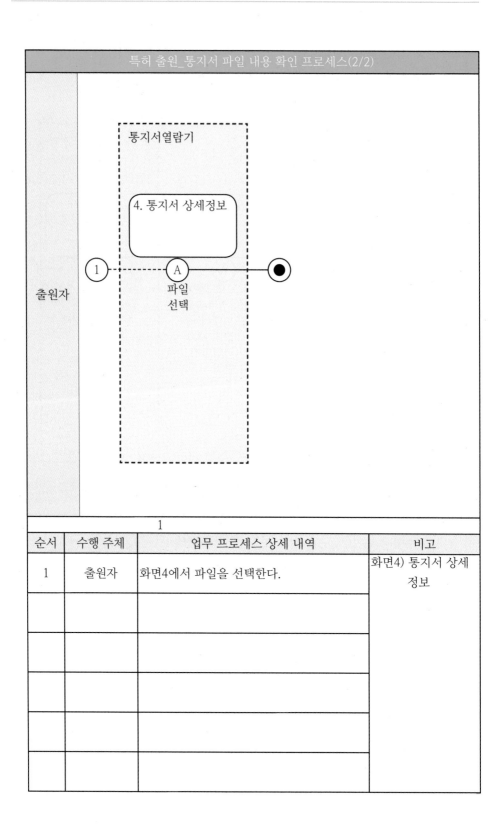

순서	수행 주체	업무 프로세스 상세 내역	비고
1	출원자	화면4에서 파일을 선택한다.	화면4) 통지서 상세 정보

TIP 34 유사한 프로세스 처리 방안

▶ 발명 특허 온라인 출원과 보정서 기간연장 신청 프로세스의 비교 및 처리

'발명 특허 온라인 출원 프로세스'와 '보정서 기간연장 신청 프로세스'는 서식작성기를 이용하고 온라인제출 마법사를 이용한다. 제출하는 서류만 다를 뿐 프로세스 자체는 거의 같다.

이런 경우에, '발명 특허 온라인 출원 프로세스'와 '보정서 기간연장 신청 프로세스'를 분리할 것인지 병합할 것인지에 대한 판단이 모호해질 수 있다.

비즈니스 융합도(BCD)에서는 지역성의 원리(principle of locality)를 적용한다. 자주 참조하는 것은 항상 근처에 둔다는 원리다. 다시 말해서 유사한 프로세스라도 제출 서류가 다르므로 다른 프로세스로 취급하는 것을 원칙으로 한다.

[사례 7] 특허 출원_보정서 기간연장 신청 프로세스

비즈니스 융합 프로세스 작성 대상

1. 온라인제출 마법사를 이용해 특허출원 중 보정서 기간연장을 신청하는 프로세스

가정 및 필요 사항

1. 온라인제출 마법사 프로그램이 사전에 PC에 설치된 것을 전제로 한다.
2. 특허청의 전자출원 소프트웨어 중 서식작성기(KEAPS)를 이용하는 것을 전제로 한다.
3. 서식작성기에서 '보정서기간연장신청서' 파일을 서식탐색기로 찾아, 양식을 작성한 후 제출한다.
   ※ 서식작성기는 다양한 서식을 작성할 수 있는 소프트웨어로서 특허출원서(실용 신안등록출원서), 디자인출원서, 상표출원서, 명세서 등 보정서, 서지사항 보정서 등을 작성한다.

03

비즈니스 융합도(BCD) 실무

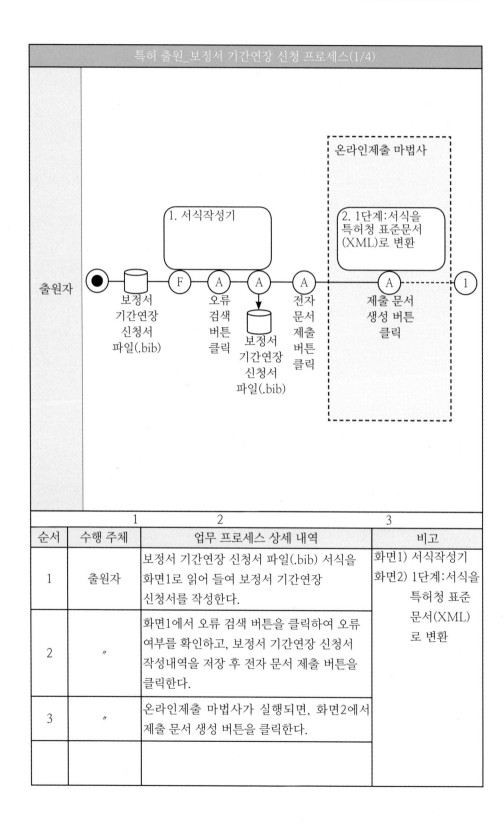

특허 출원_보정서 기간연장 신청 프로세스(1/4)

순서	수행 주체	업무 프로세스 상세 내역	비고
		1 · · · · · · · · · **2** · · · · · · · · · · · · · **3**	
1	출원자	보정서 기간연장 신청서 파일(.bib) 서식을 화면1로 읽어 들여 보정서 기간연장 신청서를 작성한다.	화면1) 서식작성기 화면2) 1단계:서식을 특허청 표준 문서(XML) 로 변환
2	〃	화면1에서 오류 검색 버튼을 클릭하여 오류 여부를 확인하고, 보정서 기간연장 신청서 작성내역을 저장 후 전자 문서 제출 버튼을 클릭한다.	
3	〃	온라인제출 마법사가 실행되면, 화면2에서 제출 문서 생성 버튼을 클릭한다.	

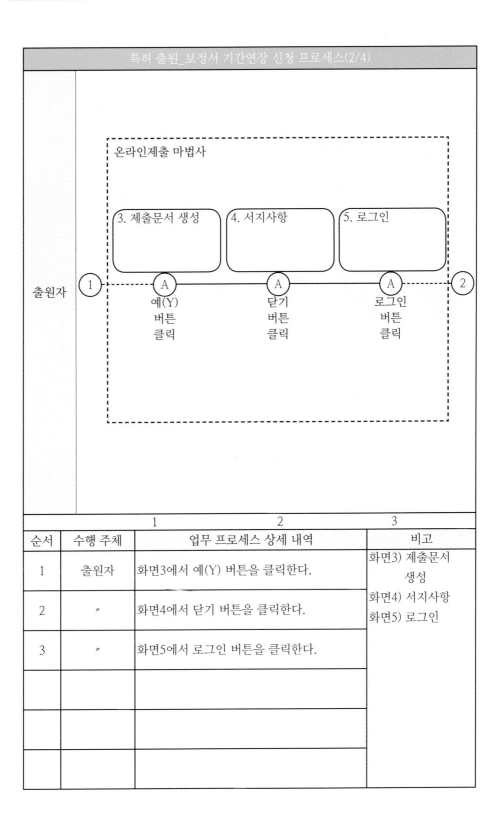

순서	수행 주체	업무 프로세스 상세 내역	비고
1	출원자	화면3에서 예(Y) 버튼을 클릭한다.	화면3) 제출문서 생성 화면4) 서지사항 화면5) 로그인
2	〃	화면4에서 닫기 버튼을 클릭한다.	
3	〃	화면5에서 로그인 버튼을 클릭한다.	

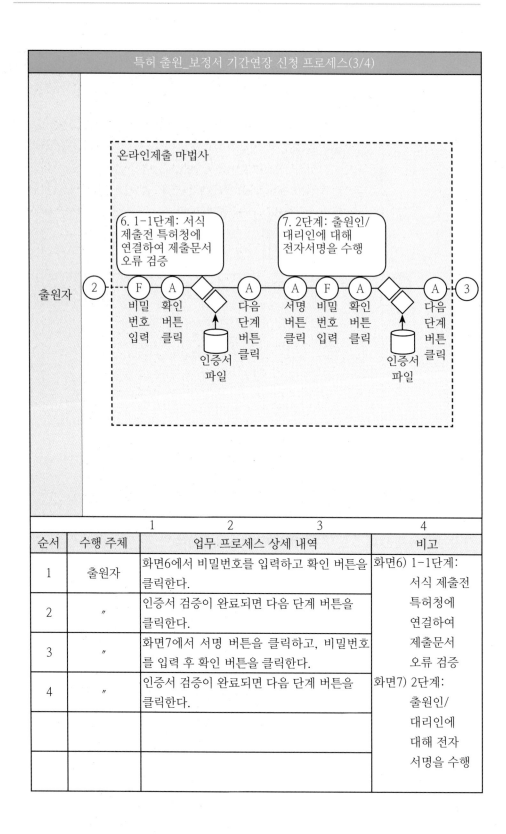

순서	수행 주체	업무 프로세스 상세 내역	비고
1	출원자	화면6에서 비밀번호를 입력하고 확인 버튼을 클릭한다.	화면6) 1-1단계: 서식 제출전 특허청에 연결하여 제출문서 오류 검증
2	〃	인증서 검증이 완료되면 다음 단계 버튼을 클릭한다.	
3	〃	화면7에서 서명 버튼을 클릭하고, 비밀번호를 입력 후 확인 버튼을 클릭한다.	
4	〃	인증서 검증이 완료되면 다음 단계 버튼을 클릭한다.	화면7) 2단계: 출원인/ 대리인에 대해 전자 서명을 수행

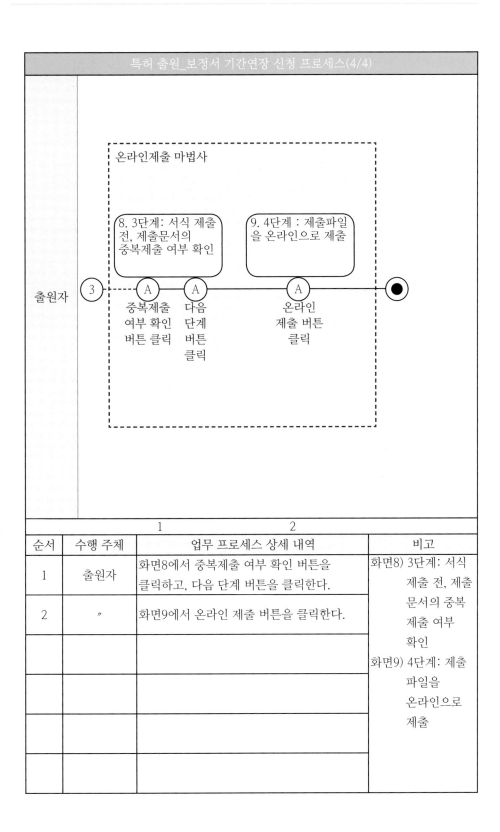

순서	수행 주체	업무 프로세스 상세 내역	비고
1	출원자	화면8에서 중복제출 여부 확인 버튼을 클릭하고, 다음 단계 버튼을 클릭한다.	화면8) 3단계: 서식 제출 전, 제출 문서의 중복 제출 여부 확인
2	〃	화면9에서 온라인 제출 버튼을 클릭한다.	화면9) 4단계: 제출 파일을 온라인으로 제출

[사례 8] 저작권등록_SW 저작권 온라인 등록 프로세스

비즈니스 융합 프로세스 작성 대상

1. 한국저작권위원회 저작권등록시스템을 이용해 SW 저작권을 등록하는 프로세스

가정 및 필요 사항

1. 한국저작권위원회의 저작권등록시스템(https://www.cros.or.kr/reg/main.cc)에 로그인 된 것을 전제로 한다.
2. 저작권등록시스템의 온라인 등록 기능을 이용하는 것을 전제로 한다.
3. 등록 권리자가 본인이며, 등록 권리자 본인은 저작자 본인일 경우를 전제로 한다.

 TIP 35　　저작권등록시스템(https://www.cros.or.kr/reg/main.cc)

▶ 저작권등록시스템

　저작권등록시스템은 저작자 성명, 창작연월일, 맨 처음 공표연월일 등의 저작물에 관한 일정한 사항과 저작재산권의 양도, 처분 제한, 질권 설정 등 권리의 변동에 대한 사항을 등재하고 공시하는데 사용하는 시스템이다.

　저작권 등록을 통해서 저작자는 추정력, 대항력, 법정 손해배상 청구 능력 등 다양한 형태의 권리 보전을 위한 보호 장치를 확보할 수 있게 된다.

▶ 저작권등록시스템의 제공 서비스

① 저작권 등록: 저작권(일반 저작물) 등록, 저작권(프로그램) 등록, SW 국가 R&D 성과물 등록, 저작인접권 등록, 데이터베이스 제작자 권리 등록
② 권리 변경: 저작권(일반 저작물) 양도/질권/배타적발행권설정 등 등록, 저작권(프로그램) 양도/배타적발행권설정 등 등록, 저작인접권 양도/질권/배타적발행권설정 등 등록, 데이터베이스 제작자 권리 양도/질권/배타적발행권설정 등 등록, 출판권 설정/양도/질권설정 등 등록
③ 변경 등록: 등록사항 변경, 등록사항 경정, 등록사항 말소
④ 열람/발급: 등록부 열람/사본 발급, 복제물 사본 교부, 국문 등록증 재발급, 영문 등록증 발급/재발급

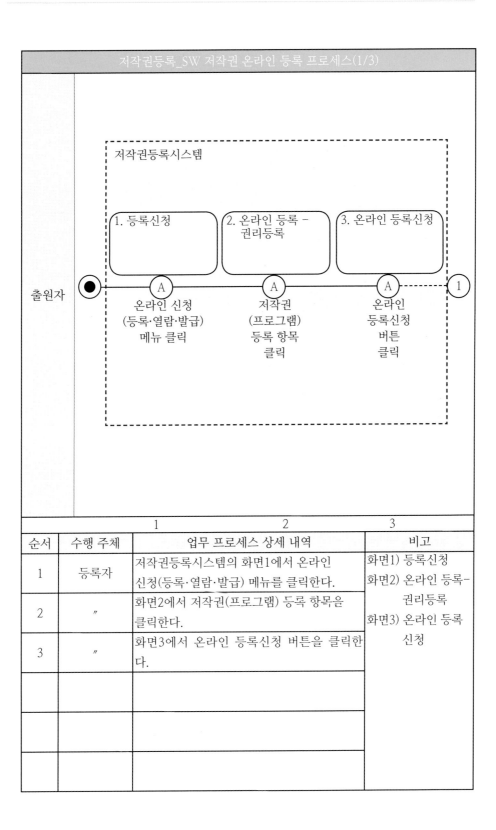

순서	수행 주체	업무 프로세스 상세 내역	비고
1	등록자	저작권등록시스템의 화면1에서 온라인 신청(등록·열람·발급) 메뉴를 클릭한다.	화면1) 등록신청 화면2) 온라인 등록- 　　　　권리등록 화면3) 온라인 등록 　　　　신청
2	〃	화면2에서 저작권(프로그램) 등록 항목을 클릭한다.	
3	〃	화면3에서 온라인 등록신청 버튼을 클릭한다.	

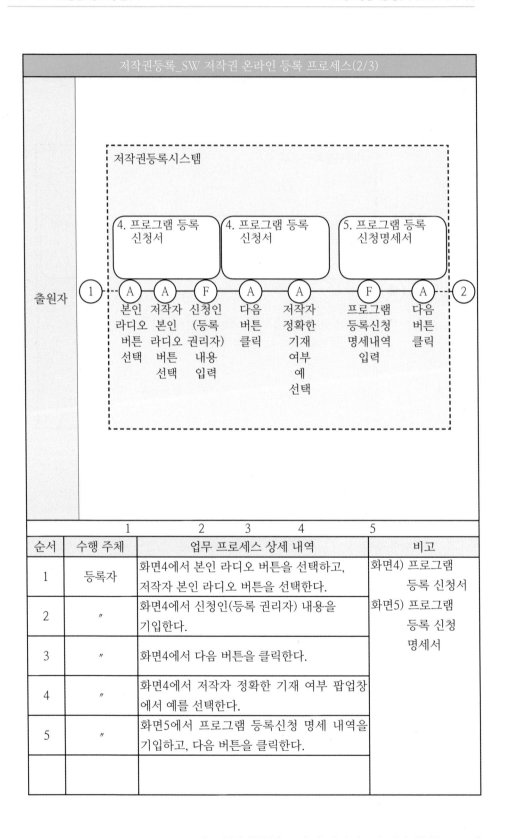

| 저작권등록_SW 저작권 온라인 등록 프로세스(2/3) |

저작권등록시스템

4. 프로그램 등록 신청서   4. 프로그램 등록 신청서   5. 프로그램 등록 신청명세서

출원자

① --- Ⓐ --- Ⓐ --- Ⓕ --- Ⓐ --- Ⓐ --- Ⓕ --- Ⓐ --- ②

본인 라디오 버튼 선택 / 저작자 본인 라디오 버튼 선택 / 신청인 (등록 권리자) 내용 입력 / 다음 버튼 클릭 / 저작자 정확한 기재 여부 예 선택 / 프로그램 등록신청 명세내역 입력 / 다음 버튼 클릭

순서	수행 주체	업무 프로세스 상세 내역	비고
		1 2 3 4 5	
1	등록자	화면4에서 본인 라디오 버튼을 선택하고, 저작자 본인 라디오 버튼을 선택한다.	화면4) 프로그램 등록 신청서
2	〃	화면4에서 신청인(등록 권리자) 내용을 기입한다.	화면5) 프로그램 등록 신청 명세서
3	〃	화면4에서 다음 버튼을 클릭한다.	
4	〃	화면4에서 저작자 정확한 기재 여부 팝업창에서 예를 선택한다.	
5	〃	화면5에서 프로그램 등록신청 명세 내역을 기입하고, 다음 버튼을 클릭한다.	

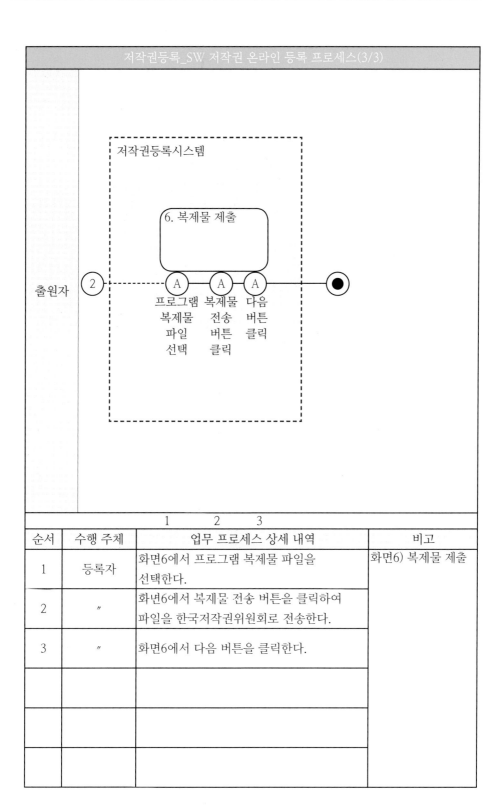

순서	수행 주체	업무 프로세스 상세 내역	비고
1	등록자	화면6에서 프로그램 복제물 파일을 선택한다.	화면6) 복제물 제출
2	〃	화면6에서 복제물 전송 버튼을 클릭하여 파일을 한국저작권위원회로 전송한다.	
3	〃	화면6에서 다음 버튼을 클릭한다.	

[사례 8] 저작권등록_SW 저작권 등록 완료 SW 확인 프로세스

비즈니스 융합 프로세스 작성 대상

1. 한국저작권위원회 저작권등록시스템을 이용해 SW 저작권 등록이 완료된 SW를 확인하는 프로세스

가정 및 필요 사항

1. 한국저작권위원회의 저작권등록시스템(https://www.cros.or.kr/reg/main.cc)에 로그인 된 것을 전제로 한다.
2. 저작권 등록이 완료된 SW가 존재한다는 것을 전제로 한다.

TIP 36   저작권에 대한 이해

▶ 저작권의 기본 이해

저작권이란 인간의 사상 또는 감정을 표현한 창작물(저작물)에 대하여 그 창작자(저작자)가 갖는 권리를 의미한다.

저작물을 창작하면 그 순간에 저작권이 발생한다(저작권법 제10조 2항). 따라서, 저작물이 창작만 되었다면 등록하지 않더라도 헌법과 저작권법에 의해 보호받을 수 있다.

▶ 저작권 등록이 중요한 이유

저작권은 기본적으로 등록이라는 법적 절차를 밟지 않더라도 모든 권리가 인정되지만, 저작권 등록을 하면 권리 보호에 유리하다.

① 등록하지 않았을 경우

법적 다툼이 일어났을 때, 권리자가 모든 주장 사실을 직접 입증해야 한다.
간단할 수도 있지만, 대단히 어렵고 복잡할 수도 있다.

② 등록했을 경우

저작권법에 의해 법정 추정력, 대항력 등이 발생하며, 법정 손해 배상 청구가 가능하게 되고, 보호 기간의 연장 효과가 발생하며, 침해 물품 통관 보류의 신고 자격을 취득하는 등의 다양한 혜택이 발생한다.

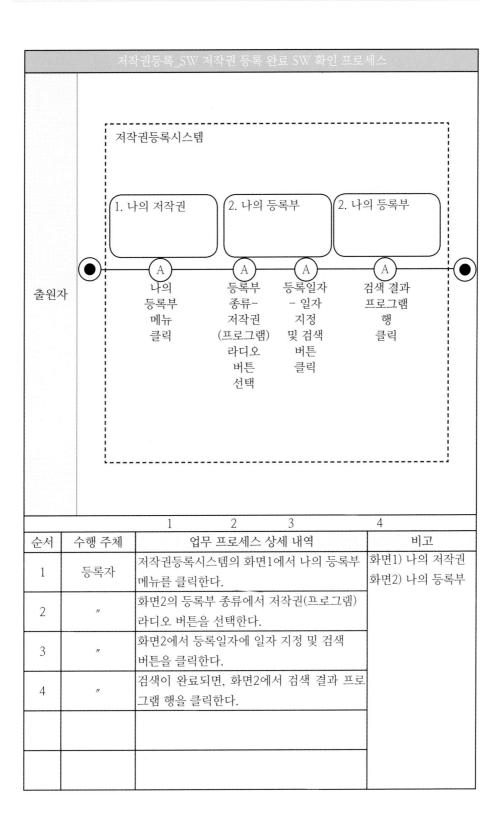

순서	수행 주체	업무 프로세스 상세 내역	비고
1	등록자	저작권등록시스템의 화면1에서 나의 등록부 메뉴를 클릭한다.	화면1) 나의 저작권 화면2) 나의 등록부
2	〃	화면2의 등록부 종류에서 저작권(프로그램) 라디오 버튼을 선택한다.	
3	〃	화면2에서 등록일자에 일자 지정 및 검색 버튼을 클릭한다.	
4	〃	검색이 완료되면, 화면2에서 검색 결과 프로그램 행을 클릭한다.	

3.2 정보 중심 응용 실무에서의 BCD 표기 사례

복잡해지는 업무 환경을 고려하여 정보(information) 중심 응용 실무 몇 가지를 사례로 들어 BCD 표기 방법에 대해 자세히 알아보겠다.

본서에서 제시하는 사례는 다음과 같다.

첫 번째 사례는 나라장터 사이트를 이용해 선금을 청구하는 프로세스이다.

이 프로세스는 사례 10에서 다뤄지며, 4대 보험 완납 증명서 발급(사례 11)과 보증증권 발급_선금_전송(사례 12)의 2개의 하청 프로세스를 포함하고 있다.

[사례 10] 선금 청구_나라장터 사이트 이용 프로세스

2개의 하청 프로세스 포함 # 전자 화면에서의 송·수신 # 문서의 스캔

공인인증서 로그인 # 전자 문서 업로드

[사례 11] 4대 보험 완납 증명서 발급 프로세스

전자 민원 서비스 시스템 # 전자 화면 중심 # 공인인증서 로그인

[사례 12] 보증증권 발급_선금_전송 프로세스

전자 화면 중심 # 공인인증서 로그인 # 전자 화면에서의 송·수신

두 번째로 다뤄질 사례는 첫 번째와 동일하게 선금을 청구하는 프로세스이다. 다른점은 발주처 담당자에게 청구서를 제출하는 점이다.

같은 업무라도 업무 처리 방식이 다르면 별도의 프로세스를 작성해야 한다.

이 프로세스는 사례 13에서 다뤄지며, 보증증권 발급_선금_인쇄(사례 14)와 전자 세금계산서 발급(사례 15)의 2개의 하청 프로세스를 포함하고 있다. 하청 프로세스 중 선금 보증증권 발급도 발급 유형(전송 또는 인쇄)에 따라 별도의 프로세스를 작성해야 한다.

[사례 13] 선금 청구_발주처 담당자에게 제출 프로세스

2개의 하청 프로세스 포함 # 전자 문서 송·수신 # 문서의 스캔 # 문서의 복사

문서의 합치기와 나누기

[사례 14] 보증증권 발급_선금_인쇄 프로세스

전자 화면 중심 # 공인인증서 로그인 # 전자 화면에서의 송·수신

[사례 15] 전자 세금계산서 발급 프로세스

전자 화면 중심 # 공인인증서 로그인

세 번째로 다뤄질 사례는 나라장터 사이트를 이용해 준공계를 제출하는 프로세스이다.

이 프로세스는 사례 16에서 다뤄지며, 나라장터 받은 문서함 가기(사례 17)의 하청 프로세스를 포함하고 있다. 나라장터 받은 문서함 가기 하청 프로세스는 별도로 프로세스를 수행하거나, 프로세스 결과물을 이용하는 것이 아니라 중심 프로세스 처음과 중간 등에 삽입되어 중심 프로세스의 한 부분으로 연결되는 특징을 가지고 있다.

[사례 16] 준공계 제출_나라장터 사이트 이용 프로세스

전자 화면 중심　# 하청 프로세스 포함　# 전자 화면에서의 송·수신

[사례 17] 나라장터 받은 문서함 가기 프로세스

전자 화면 중심　# 공인인증서 로그인

네 번째로 다뤄질 사례는 GS인증을 신청하는 프로세스이다.

이 프로세스는 사례 18에서 다뤄진다.

[사례 18] GS인증 신청 프로세스

전자 문서 송·수신　# 문서의 합치기와 나누기

[사례 10] 선금 청구_나라장터 사이트 이용 프로세스

비즈니스 융합 프로세스 작성 대상

1. 계약이 완료된 후 나라장터 사이트를 이용해 발주처에 선금을 청구하는
   프로세스

가정 및 필요 사항

1. 나라 장터 사이트(www.g2b.go.kr)를 이용해 선금을 청구하는 것을 전제로 한다.
2. 전자 세금 계산서 발급은 나라 장터 사이트를 이용해 발급하는 것을 전제로 한다.
3. 나라 장터 사이트에 대금 청구 계좌 번호가 사전에 등록된 것을 전제로
   한다.
4. 선금 청구에 필요한 서류는 스캔하여 나라장터 사이트에 업로드 하고,
   보증증권은 온라인으로 전송하는 것을 전제로 한다.
5. 4대 보험 완납 증명서 발급 프로세스와 선금 보증증권 발급 프로세스는 별도의
   하위 프로세스로 만들어 두고 참조하는 것을 전제로 한다.

03

비즈니스 융합도(BCD) 실무

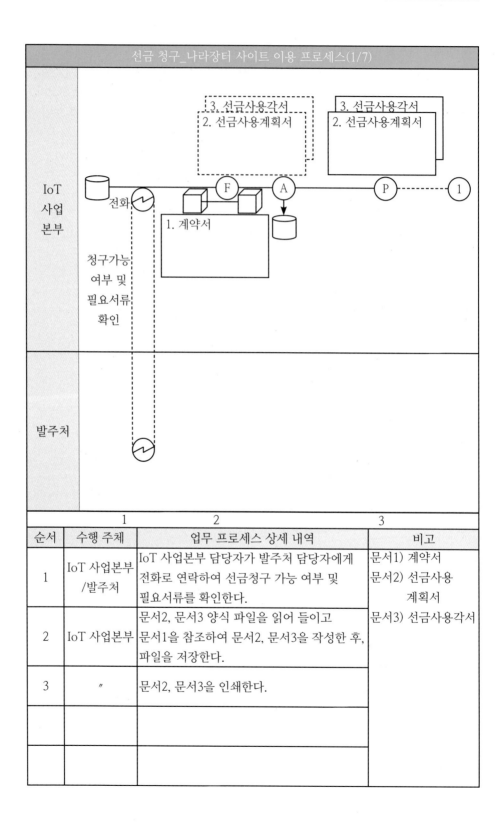

순서	수행 주체	업무 프로세스 상세 내역	비고
1	IoT 사업본부 /발주처	IoT 사업본부 담당자가 발주처 담당자에게 전화로 연락하여 선금청구 가능 여부 및 필요서류를 확인한다.	문서1) 계약서 문서2) 선금사용 계획서
2	IoT 사업본부	문서2, 문서3 양식 파일을 읽어 들이고 문서1을 참조하여 문서2, 문서3을 작성한 후, 파일을 저장한다.	문서3) 선금사용각서
3	〃	문서2, 문서3을 인쇄한다.	

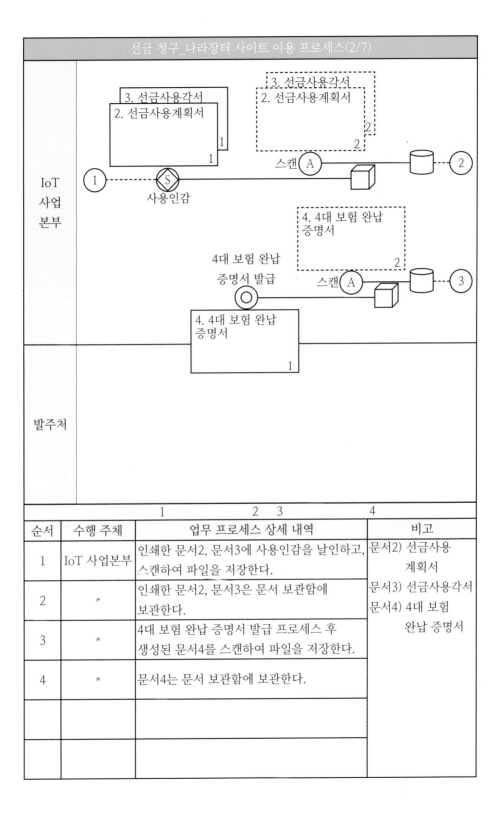

선금 청구_나라장터 사이트 이용 프로세스(2/7)

순서	수행 주체	업무 프로세스 상세 내역	비고
1	IoT 사업본부	인쇄한 문서2, 문서3에 사용인감을 날인하고, 스캔하여 파일을 저장한다.	문서2) 선금사용계획서
2	〃	인쇄한 문서2, 문서3은 문서 보관함에 보관한다.	문서3) 선금사용각서
3	〃	4대 보험 완납 증명서 발급 프로세스 후 생성된 문서4를 스캔하여 파일을 저장한다.	문서4) 4대 보험 완납 증명서
4	〃	문서4는 문서 보관함에 보관한다.	

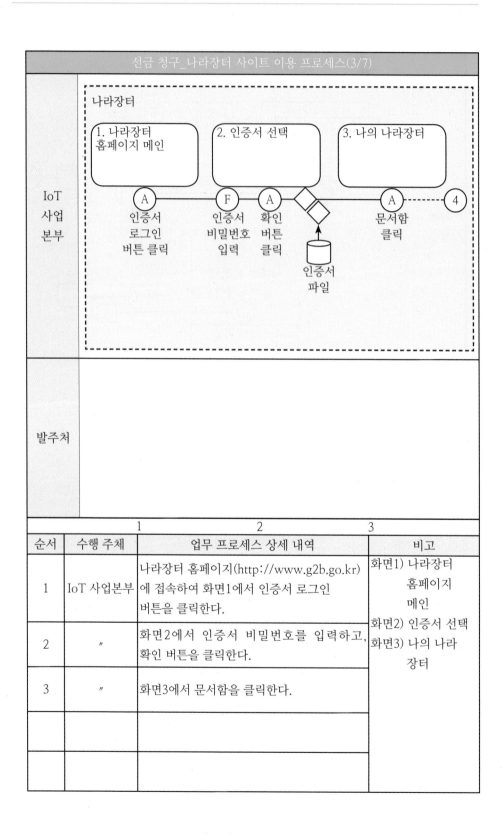

순서	수행 주체	업무 프로세스 상세 내역	비고
1	IoT 사업본부	나라장터 홈페이지(http://www.g2b.go.kr)에 접속하여 화면1에서 인증서 로그인 버튼을 클릭한다.	화면1) 나라장터 홈페이지 메인
2	〃	화면2에서 인증서 비밀번호를 입력하고, 확인 버튼을 클릭한다.	화면2) 인증서 선택
3	〃	화면3에서 문서함을 클릭한다.	화면3) 나의 나라장터

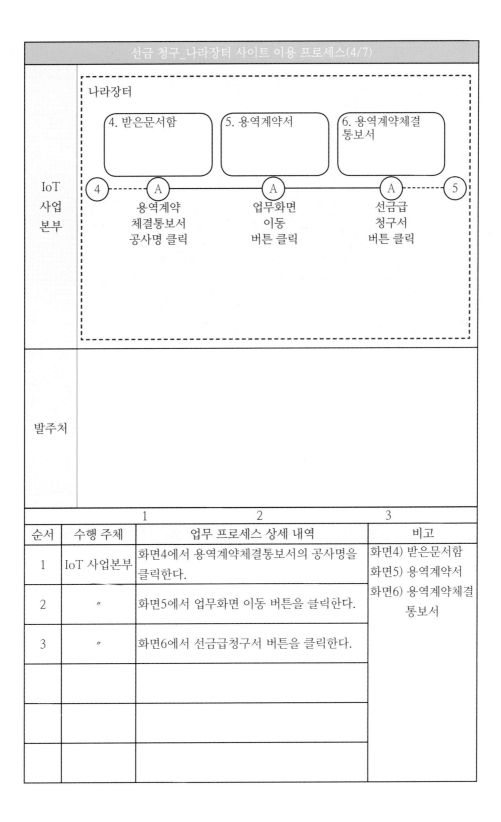

순서	수행 주체	업무 프로세스 상세 내역	비고
1	IoT 사업본부	화면4에서 용역계약체결통보서의 공사명을 클릭한다.	화면4) 받은문서함 화면5) 용역계약서
2	〃	화면5에서 업무화면 이동 버튼을 클릭한다.	화면6) 용역계약체결 통보서
3	〃	화면6에서 선금급청구서 버튼을 클릭한다.	

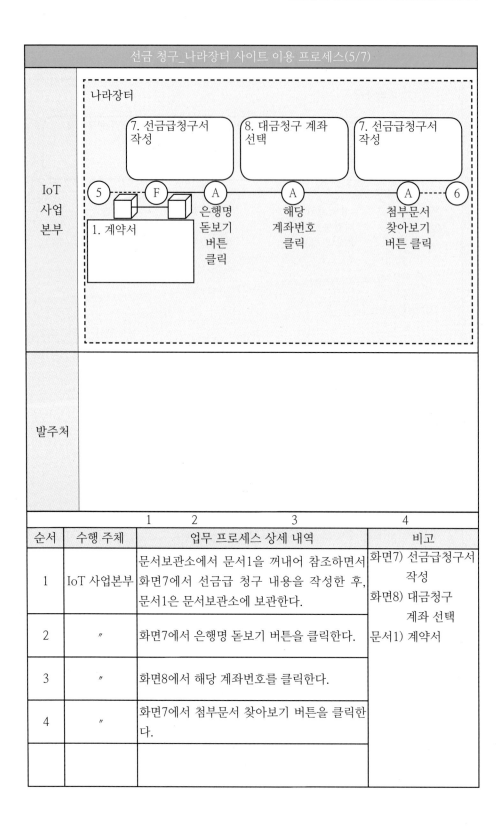

		1	2	3	4
순서	수행 주체		업무 프로세스 상세 내역		비고
1	IoT 사업본부	문서보관소에서 문서1을 꺼내어 참조하면서 화면7에서 선금급 청구 내용을 작성한 후, 문서1은 문서보관소에 보관한다.			화면7) 선금급청구서 작성 화면8) 대금청구 계좌 선택 문서1) 계약서
2	〃	화면7에서 은행명 돋보기 버튼을 클릭한다.			
3	〃	화면8에서 해당 계좌번호를 클릭한다.			
4	〃	화면7에서 첨부문서 찾아보기 버튼을 클릭한다.			

03

비즈니스 융합도(BCD) 실무

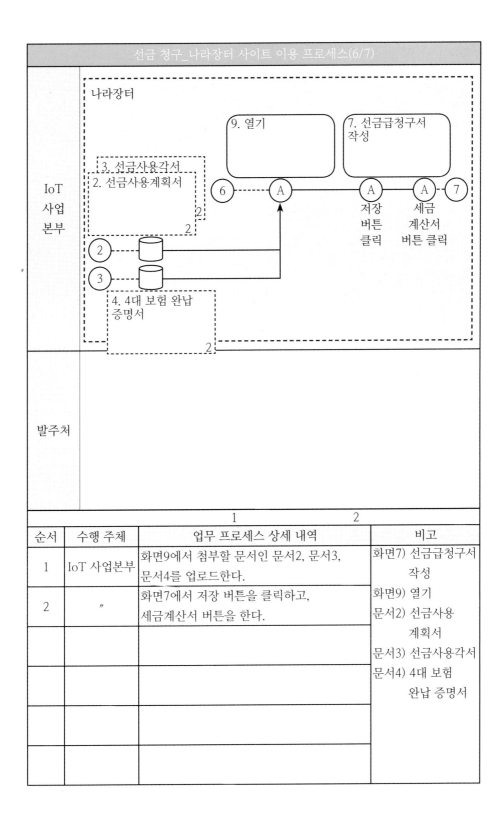

선금 청구_나라장터 사이트 이용 프로세스(6/7)			

순서	수행 주체	업무 프로세스 상세 내역	비고
1	IoT 사업본부	화면9에서 첨부할 문서인 문서2, 문서3, 문서4를 업로드한다.	화면7) 선금급청구서 작성
2	〃	화면7에서 저장 버튼을 클릭하고, 세금계산서 버튼을 한다.	화면9) 열기 문서2) 선금사용 계획서
			문서3) 선금사용각서
			문서4) 4대 보험 완납 증명서

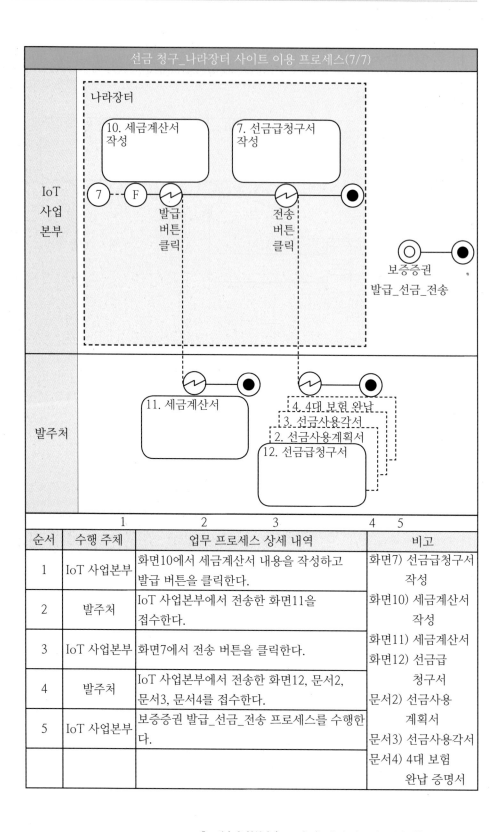

선금 청구_나라장터 사이트 이용 프로세스(7/7)

순서	수행 주체	업무 프로세스 상세 내역	비고
1	IoT 사업본부	화면10에서 세금계산서 내용을 작성하고 발급 버튼을 클릭한다.	화면7) 선금급청구서 작성
2	발주처	IoT 사업본부에서 전송한 화면11을 접수한다.	화면10) 세금계산서 작성
3	IoT 사업본부	화면7에서 전송 버튼을 클릭한다.	화면11) 세금계산서 화면12) 선금급 청구서
4	발주처	IoT 사업본부에서 전송한 화면12, 문서2, 문서3, 문서4를 접수한다.	문서2) 선금사용 계획서
5	IoT 사업본부	보증증권 발급_선금_전송 프로세스를 수행한다.	문서3) 선금사용각서 문서4) 4대 보험 완납 증명서

TIP 37 ◎ (하청) 표기 패턴 표현 방법(1/2)

◎ (하청) 표기 패턴은 별도의 비즈니스 융합 프로세스를 하위 프로세스로 미리 만들어 놓고, 상위 프로세스에서는 구체적인 표현을 생략하기 위한 표기 패턴이다.
◎ (하청) 프로세스를 활용하면 반복적인 프로세스를 계속 그려야 하는 불편함을 해소하고, 주요 프로세스에 집중할 수 있는 장점이 있다.

▶ ◎ (하청) 프로세스로 생성된 정보를 현 프로세스에서 사용 할 경우의 표현

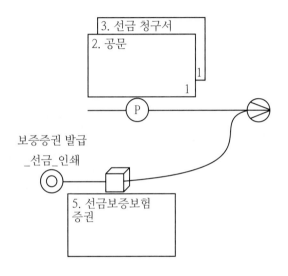

▶ 현 프로세스 중간에 ◎ (하청) 프로세스가 필요한 경우

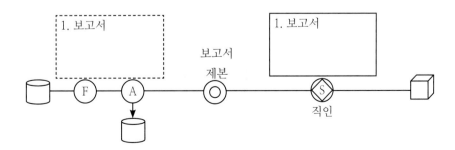

TIP 37   ◎(하청) 표기 패턴 표현 방법(2/2)

◎(하청) 프로세스는 현 프로세스의 일부로써가 아니라 ◎(하청) 프로세스 자체만으로도 표현하여 사용할 수 있다.

◎(하청) 프로세스를 활용하면, 전체적인 업무의 흐름 파악이 쉽다.

▶ 현 프로세스에서 별도의 작업으로 ◎(하청) 프로세스를 사용하는 경우

▶ 전체적인 업무의 흐름 파악을 위해 ◎(하청) 프로세스를 사용하는 경우

 TIP 38   어떤 경우에 하청 처리를 해야 하나?

행정적인 업무는 정형화되고 반복적인 수행으로 처리하는 경우가 많다. 이 경우 모든 프로세스를 BCD로 작성하다보면, 작성에 효율성도 떨어지고 중심적인 프로세스에 집중하기도 어려워진다. 따라서 반복적인 처리 중 패턴화할 수 있는 부분을 하청 처리하는 것이 바람직하다.

하청은 재하청, 재재하청 등으로 계층을 형성할 수 있다. 하청을 통한 하위 프로세스 계층의 한계는 단정적으로 정의할 수 없지만, 밀러의 법칙(*인지심리학자인 밀러(Miller, G. A)가 인간의 정보 처리 시의 작용 기억의 저장 가능 개체의 수를 7±2로 정의)을 적용하여 5개 계층을 일반적인 한계로 정한다면 무난하다.

TIP 39 ◎ (하청) 프로세스의 활용(1/3)

◎ (하청) 프로세스는 비즈니스 융합 프로세스만 하위 프로세스로 만들지 않는다. WCD(Work Convergence Diagram, 작업 융합도)를 하위 프로세스로 하여 비즈니스와 작업의 융합을 가능하게 한다.

WCD(Work Convergence Diagram, 작업 융합도)는 사물과 관련한 전체적인 융합 작업의 흐름을 단위 작업으로 세분화하여, 작업의 시작부터 완료까지 세부 융합 작업의 수행 과정을 도해적으로 나타내는 표현 방법이다.
WCD는 한국 정보통신기술협회(TTA)의 정보통신단체 표준인 'IoT 작업 융합 공정 표기 지침(Guidelines for Representing the IoT Work Convergence Process)'으로 표준화된 표기 방법이다.

WCD의 기본 표기 패턴은 가장 기본이 되는 ◎ (하청 작업) 표기 패턴과 힘의 방향을 나타내는 3가지 패턴(✕ : 들어가는 힘의 방향, ● : 나오는 힘의 방향, ▼ : 가하는 힘의 방향)의 조합으로 표현된다.
WCD를 작성할 때는 작업 대상의 작업 부위를 명확하게 표현하기 위해 사진이나 도면을 제시하여 해당 작업 부위에 대한 인식을 가능하게한 상태에서 시간의 흐름에 따라 단위 작업을 흐름선으로 연결하여 표현한다.

03

비즈니스 융합도(BCD) 실무

▶ BCD와 WCD의 융합 사례

[보고 자료 제작 프로세스 – BCD]

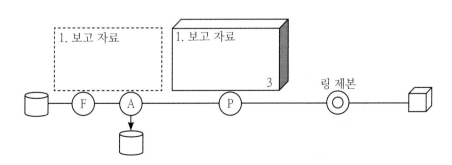

133

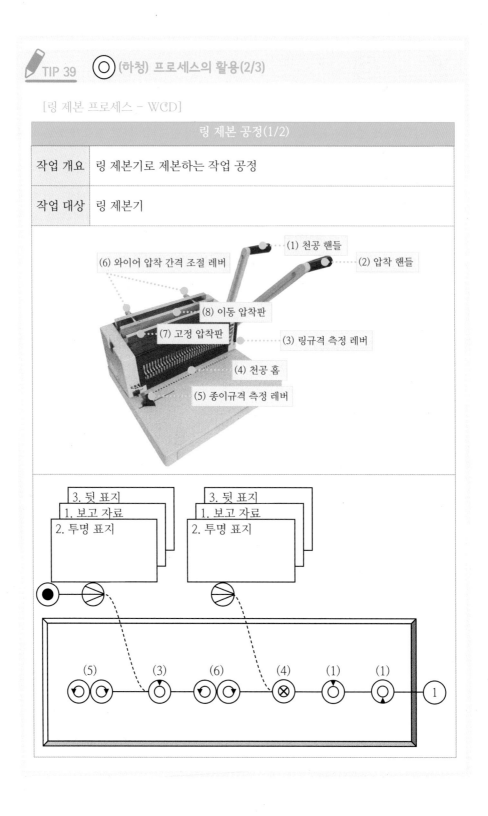

✏ TIP 39 ◎ (하청) 프로세스의 활용(2/3)

[링 제본 프로세스 – WCD]

링 제본 공정(1/2)	
작업 개요	링 제본기로 제본하는 작업 공정
작업 대상	링 제본기

TIP 39　　◎ (하청) 프로세스의 활용(3/3)

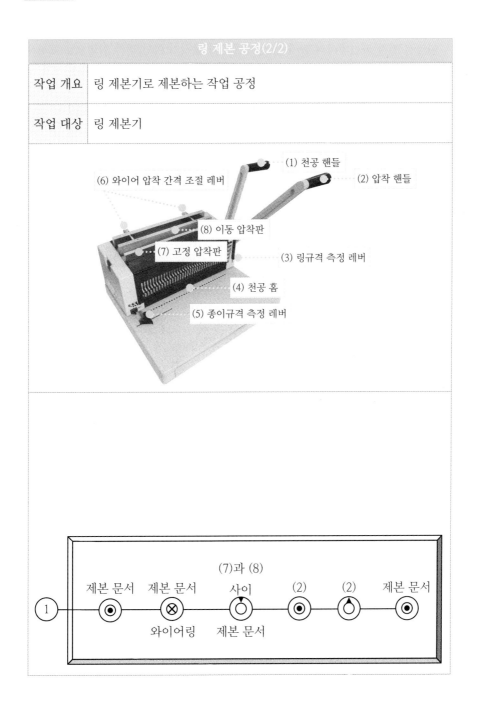

링 제본 공정(2/2)	
작업 개요	링 제본기로 제본하는 작업 공정
작업 대상	링 제본기

03

비즈니스 융합도(BCD) 실무

TIP 40   전자 화면에서의 송·수신 표현 시 주의할 점

전자 화면에서 저장하는 정보는 사용자가 파일로 관리 할 수 있는 정보가 아니다. 따라서 전자 화면에서의 송·수신 정보는 전자 문서가 아닌 전자 화면으로 표현해야 한다. 그러나 송신자가 전자 화면에서 작업한 정보라도 송·수신 과정에서 전자 문서 형태로 변환되어 수신자에게 전송되는 경우에는 전자 문서로 표현한다.

그러나 메인 프로세스 영역이 아닐 경우, 수신자가 어떤 형태로 수신하는지 모르는 경우가 있다. 이럴 경우에는 중요한 부분이 아니므로 전자 화면 또는 전자 문서 어느 형식으로 표현하거나 생략해도 무방하다.

▶ 전자 화면에서의 송·수신 사례

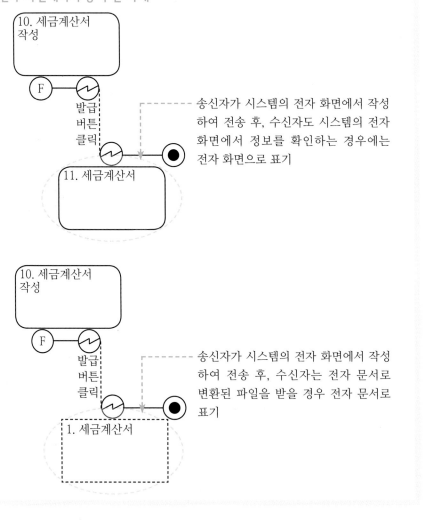

나라장터 사이트를 이용해 주관기관에 선금을 청구하는 프로세스에는 다음과 같이 2개의 하청 프로세스가 있다.

1. 4대 보험 완납 증명서 발급 프로세스 – 사례 11 참조
2. 보증증권 발급_선금_전송 프로세스 – 사례 12 참조

[사례 11] 4대 보험 완납 증명서 발급 프로세스

비즈니스 융합 프로세스 작성 대상

1. 국민건강보험 EDI 서비스를 이용해 4대 보험 완납 증명서를 발급하는 프로세스

가정 및 필요 사항

1. 국민건강보험 EDI 서비스 홈페이지(http://edi.nhis.or.kr)를 이용해 4대 보험 완납 증명서를 발급하는 것을 전제로 한다.
2. 사전에 국민건강 보험 공단 사이트에서 사업장회원으로 가입하고, 공인인증서 등록을 마친 상태임을 전제로 한다.

 TIP 41 국민건강보험 EDI 서비스

▶ 국민건강보험 EDI 서비스란?

인편/우편 등 기존의 서식 전달 체계를 대신해서 시간과 장소에 구애 받지 않고 편리하게 업무를 처리할 수 있는 건강보험분야 진지 민원 서비스이다.

▶ 국민건강보험 EDI 제공 서비스

1. 직장가입자 자격 취득/상실/내역 변경 신고
2. 보험료 산정 및 부과 관련 업무
3. 건강검진 관련 업무
4. 4대 보험 관련 공통 업무
5. 기타 다양한 부가서비스

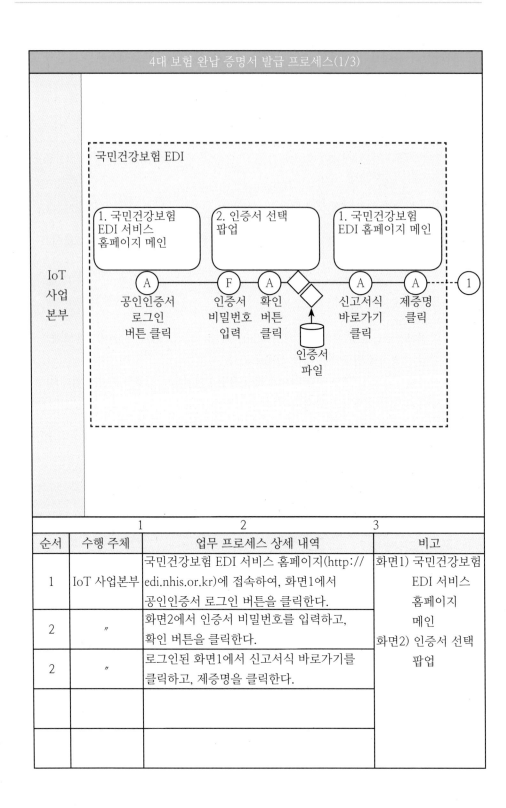

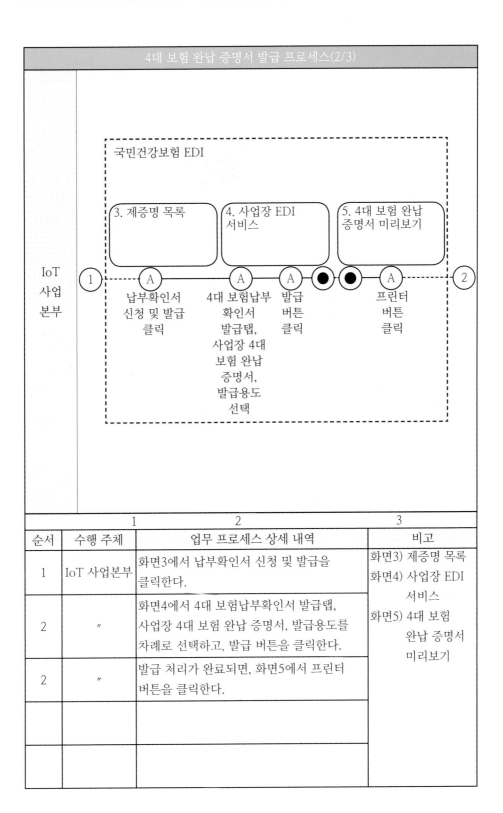

순서	수행 주체	업무 프로세스 상세 내역	비고
1	IoT 사업본부	화면3에서 납부확인서 신청 및 발급을 클릭한다.	화면3) 제증명 목록 화면4) 사업장 EDI 서비스
2	〃	화면4에서 4대 보험납부확인서 발급탭, 사업장 4대 보험 완납 증명서, 발급용도를 차례로 선택하고, 발급 버튼을 클릭한다.	화면5) 4대 보험 완납 증명서 미리보기
2	〃	발급 처리가 완료되면, 화면5에서 프린터 버튼을 클릭한다.	

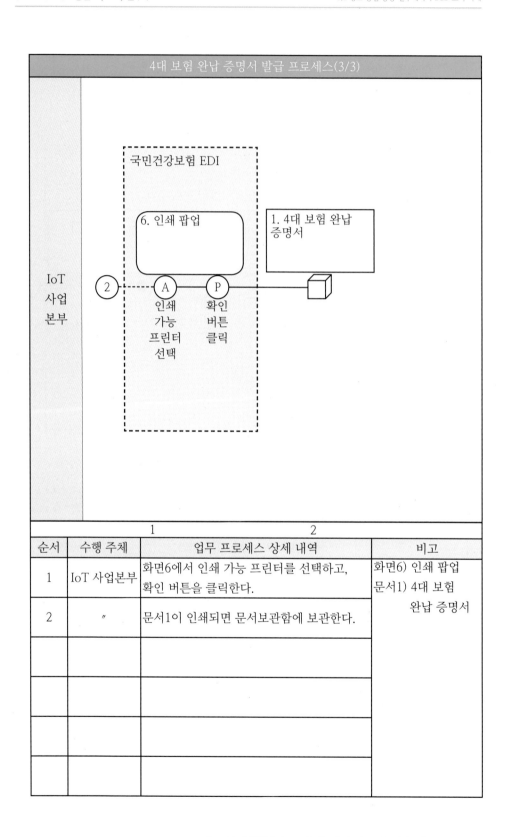

순서	수행 주체	업무 프로세스 상세 내역	비고
		1 2	
1	IoT 사업본부	화면6에서 인쇄 가능 프린터를 선택하고, 확인 버튼을 클릭한다.	화면6) 인쇄 팝업 문서1) 4대 보험
2	〃	문서1이 인쇄되면 문서보관함에 보관한다.	완납 증명서

TIP 42 4대 보험 완납증명서 발급 BCD의 다른 표현법(1/3)

4대 보험 완납증명서 발급의 경우 국민건강보험 EDI 서비스를 이용한다.

민원 신청 등 다양한 업무에서 홈페이지나 시스템에서 서비스를 요청해야 하는 경우가 많다.

이런 업무의 경우, 수행 주체가 시스템에 서비스를 요청하면 시스템은 그 요청에 따라 처리 결과를 수행 주체에게 제공한다.

BCD에서는 2가지로 표현이 가능하다.

첫 번째 표현 방법은 서비스 제공 시스템을 별도의 수행 주체로 구분하지 않고, 표현하는 방법이다.

이 방법은 수행 주체가 서비스를 요청 했을때, 서비스 제공 시스템에서 추가 요청 없이 수행 주체의 요청을 그대로 받아들여 처리할 때 간단히 표현하기 좋은 방법이다.

수행 주체 영역 내에 별도의 영역 구분을 하고, 프로세스를 진행하다가 서비스 제공 시스템의 영역 부분에서는 (●)----(●)(구간 생략)으로 표현한다.

본서의 「4대 보험 완납 증명서 발급 프로세스」는 이 방법으로 작성되었으며, 일부분을 발췌하여 살펴보면 아래와 같다.

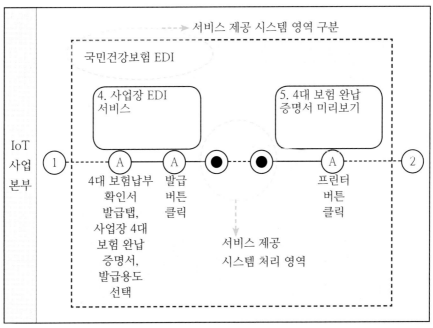

TIP 42　　4대 보험 완납증명서 발급 BCD의 다른 표현법(2/3)

두 번째 표현 방법은 서비스 제공 시스템을 별도의 수행 주체로 구분하여 표현하는 방법이다.

이 방법은 서비스 제공 시스템의 구분을 명확히 해야 할 필요가 있거나, 수행 주체가 서비스 요청을 했을 때 서비스 제공 시스템에서 추가적인 행위(ex. 반려, 승인, 추가 자료 요청 등)를 하는 경우에 쓰는 표현 방법이다.

수행 주체 영역을 프로세스 오너와 서비스 제공 시스템으로 구분하고, 프로세스를 진행하다가 제공 시스템의 영역 부분에서 파악하기 어려운 프로세스는 ●----● (구간 생략)으로 표현한다. 이 경우에도 수행 주체 영역 내에 서비스 제공 시스템 영역은 별도로 구분해야 한다.

BCD를 작성하는 궁극적인 목적은 프로세스 오너의 업무를 파악하고 표현하는 것이다. 그러므로 프로세스 오너의 업무가 아닌 경우, 알 필요가 없거나 파악하기 어려운 프로세스는 생략으로 표현한다.

본문에서 작성한 「4대 보험 완납 증명서 발급 프로세스」를 서비스 제공 시스템을 별도의 수행 주체로 구분하여 작성한 BCD는 아래와 같다.

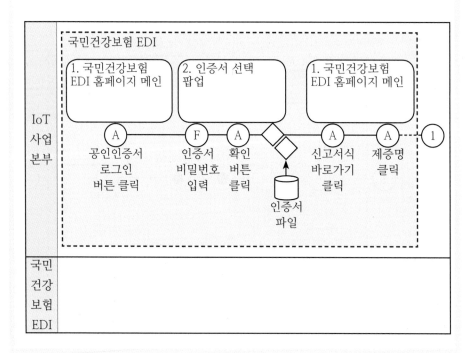

TIP 42   4대 보험 완납증명서 발급 BCD의 다른 표현법(3/3)

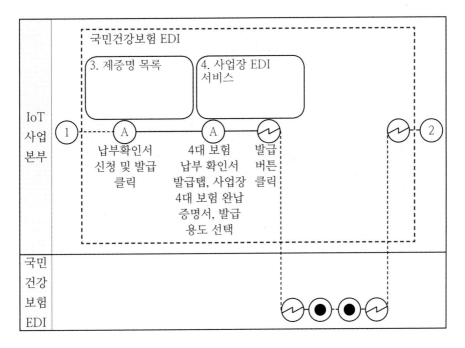

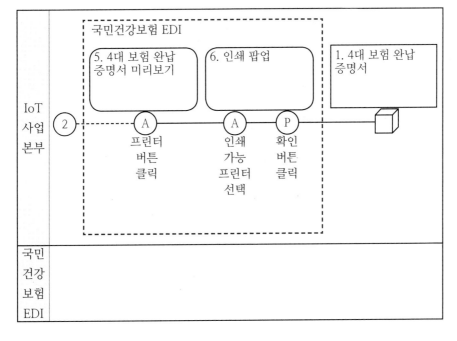

[사례 12] 보증증권 발급_선금_전송 프로세스

비즈니스 융합 프로세스 작성 대상

1. SGI 서울보증을 통해 선금급보증증권을 온라인 전송 형태로 발급하는 프로세스

가정 및 필요 사항

1. 보증증권 발급 업무를 SGI 서울보증에서 하는 것을 전제로 한다.
2. 선금급보증증권은 온라인 전송 형태로 발급하는 것을 전제로 한다.
3. SGI 서울보증 사무실에 미리 업체 등록이 되어 있어, 증권 발급에 필요한 회사 정보가 등록된 것을 전제로 한다.
4. 보증증권 발급 요청은 SGI 서울보증 사무실에 fax로 하고, 전자서명 및 보험료 결제 등 이후 업무는 SGI 서울보증 홈페이지(http://www.sgic.co.kr)에서 수행함을 전제로 한다.

03

✏️ TIP 43   보증증권 발급 업무

▶ 보증증권 발급 시 고려사항

발주자와 수행자간의 각종 상거래에는 입찰 보증, 계약 보증, 선금급 보증, 하자보수 보증 등 다양한 보증증권 발급 업무가 필요하다.

보증증권 발급 업무는 보증증권을 실물로 인쇄하여 제출하는 경우와 온라인으로 직접 전송하는 경우가 있으므로 사전에 제출 형태를 확인해야 한다.

▶ 보증증권 발급 기관

본서에서 사례로 든 SGI 서울보증 이외에도 소프트웨어공제조합, 건설공제조합 등 수행사가 일정 금액을 출자하여 조합원으로 가입한 후 보증서를 발급 받을 수도 있다.

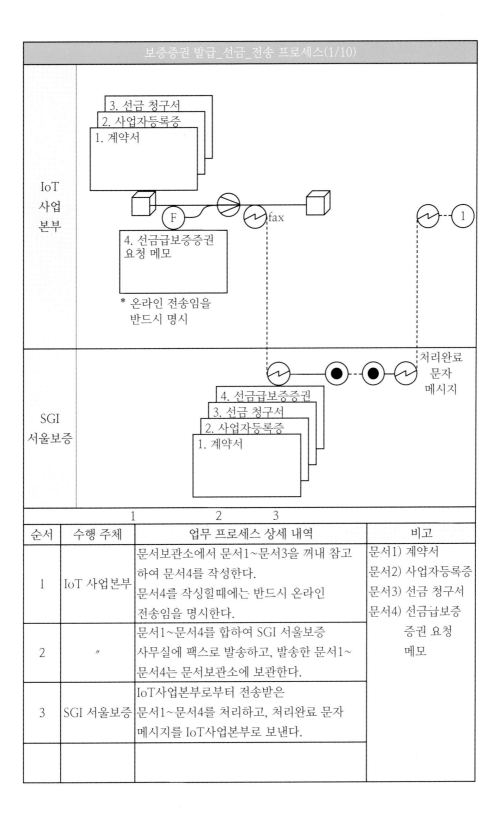

순서	수행 주체	업무 프로세스 상세 내역	비고
1	IoT 사업본부	문서보관소에서 문서1~문서3을 꺼내 참고하여 문서4를 작성한다. 문서4를 작성할때에는 반드시 온라인 전송임을 명시한다.	문서1) 계약서 문서2) 사업자등록증 문서3) 선금 청구서 문서4) 선금급보증 증권 요청 메모
2	〃	문서1~문서4를 합하여 SGI 서울보증 사무실에 팩스로 발송하고, 발송한 문서1~문서4는 문서보관소에 보관한다.	
3	SGI 서울보증	IoT사업본부로부터 전송받은 문서1~문서4를 처리하고, 처리완료 문자 메시지를 IoT사업본부로 보낸다.	

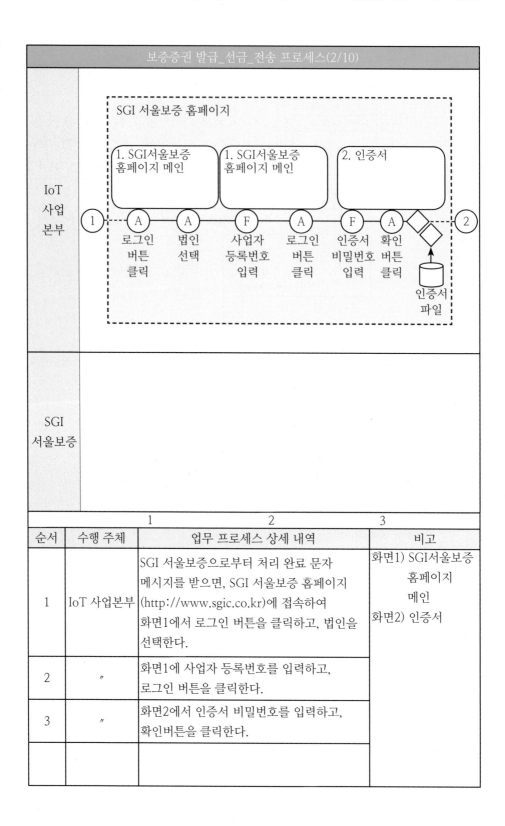

순서	수행 주체	업무 프로세스 상세 내역	비고
		1　　　　　　　2　　　　　　　3	
1	IoT 사업본부	SGI 서울보증으로부터 처리 완료 문자 메시지를 받으면, SGI 서울보증 홈페이지 (http://www.sgic.co.kr)에 접속하여 화면1에서 로그인 버튼을 클릭하고, 법인을 선택한다.	화면1) SGI서울보증 홈페이지 메인 화면2) 인증서
2	〃	화면1에 사업자 등록번호를 입력하고, 로그인 버튼을 클릭한다.	
3	〃	화면2에서 인증서 비밀번호를 입력하고, 확인버튼을 클릭한다.	

03

비즈니스 융합도(BCD) 실무

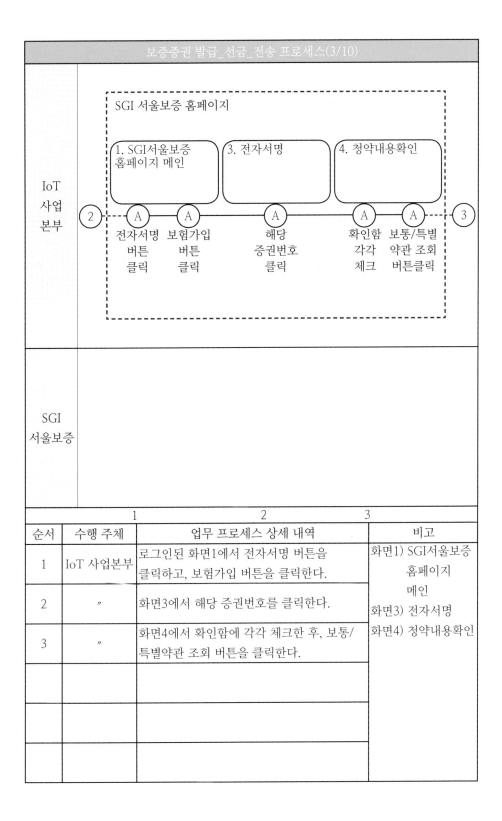

보증증권 발급_선금_전송 프로세스(3/10)		

순서	수행 주체	업무 프로세스 상세 내역	비고
1	IoT 사업본부	로그인된 화면1에서 전자서명 버튼을 클릭하고, 보험가입 버튼을 클릭한다.	화면1) SGI서울보증 홈페이지 메인
2	〃	화면3에서 해당 증권번호를 클릭한다.	화면3) 전자서명
3	〃	화면4에서 확인함에 각각 체크한 후, 보통/특별약관 조회 버튼을 클릭한다.	화면4) 청약내용확인

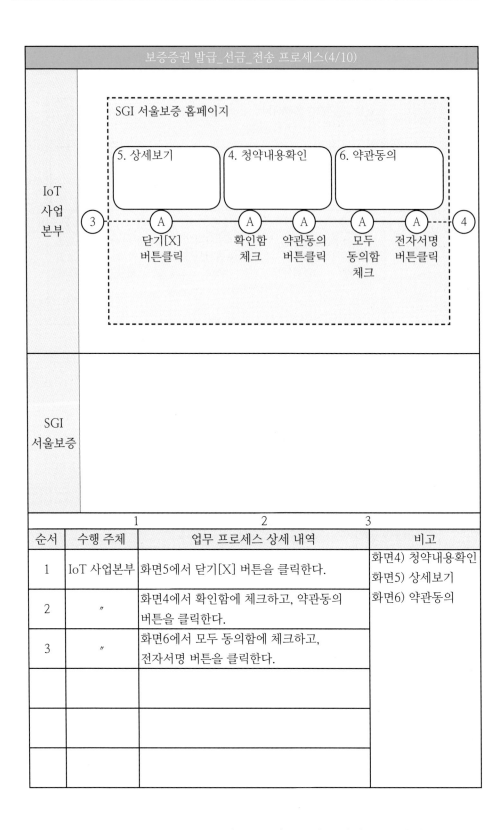

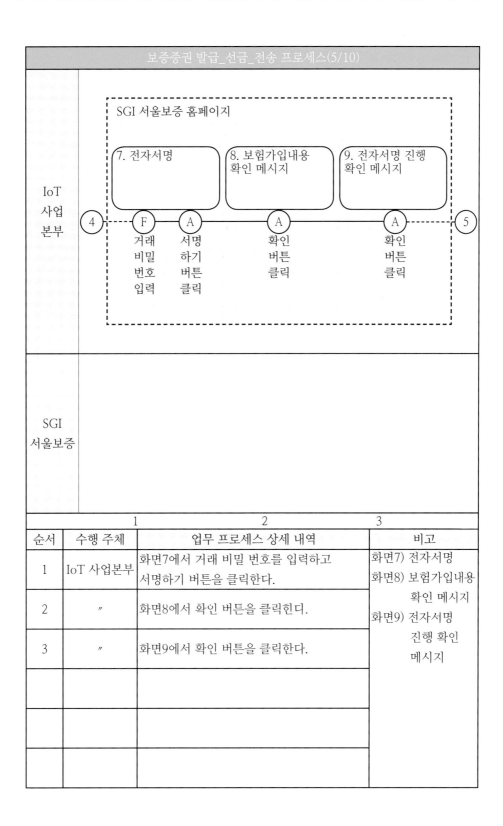

순서	수행 주체	1 업무 프로세스 상세 내역	3 비고
1	IoT 사업본부	화면7에서 거래 비밀 번호를 입력하고 서명하기 버튼을 클릭한다.	화면7) 전자서명 화면8) 보험가입내용 확인 메시지
2	〃	화면8에서 확인 버튼을 클릭힌다.	화면9) 전자서명 진행 확인
3	〃	화면9에서 확인 버튼을 클릭한다.	메시지

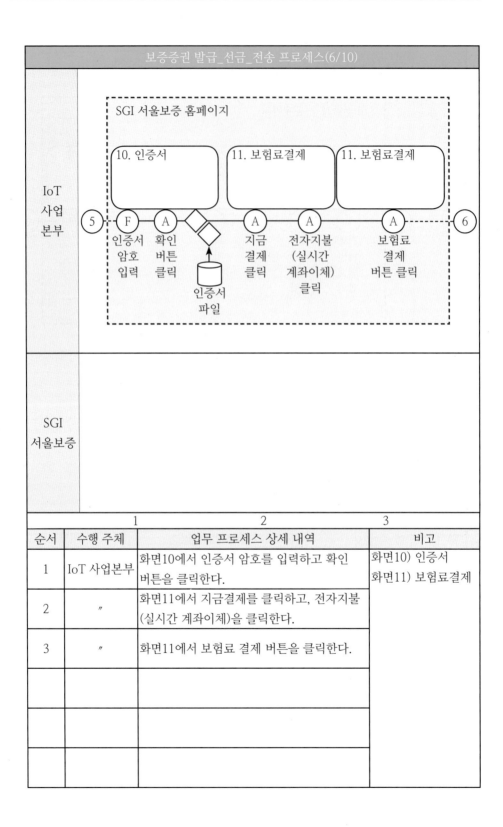

순서	수행 주체	업무 프로세스 상세 내역	비고
		1 · 2 · 3	
1	IoT 사업본부	화면10에서 인증서 암호를 입력하고 확인 버튼을 클릭한다.	화면10) 인증서 화면11) 보험료결제
2	〃	화면11에서 지금결제를 클릭하고, 전자지불 (실시간 계좌이체)을 클릭한다.	
3	〃	화면11에서 보험료 결제 버튼을 클릭한다.	

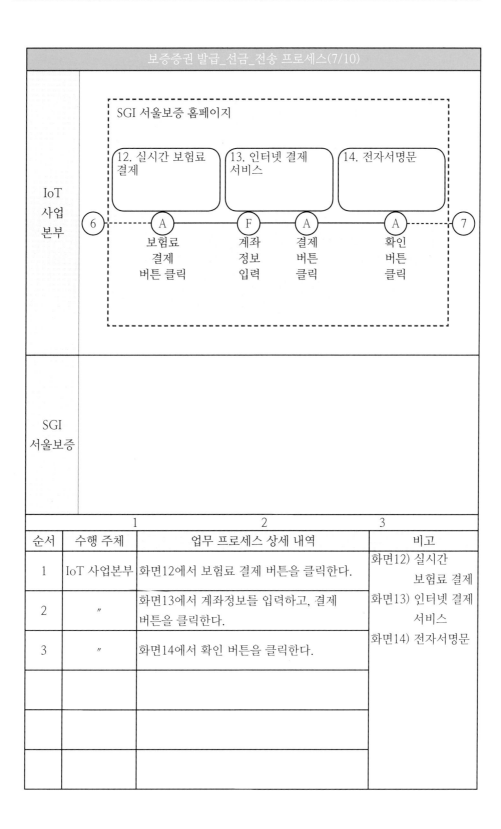

순서	수행 주체	업무 프로세스 상세 내역	비고
		1 2 3	
1	IoT 사업본부	화면12에서 보험료 결제 버튼을 클릭한다.	화면12) 실시간 보험료 결제
2	〃	화면13에서 계좌정보를 입력하고, 결제 버튼을 클릭한다.	화면13) 인터넷 결제 서비스
3	〃	화면14에서 확인 버튼을 클릭한다.	화면14) 전자서명문

03

비즈니스 융합도(BCD) 실무

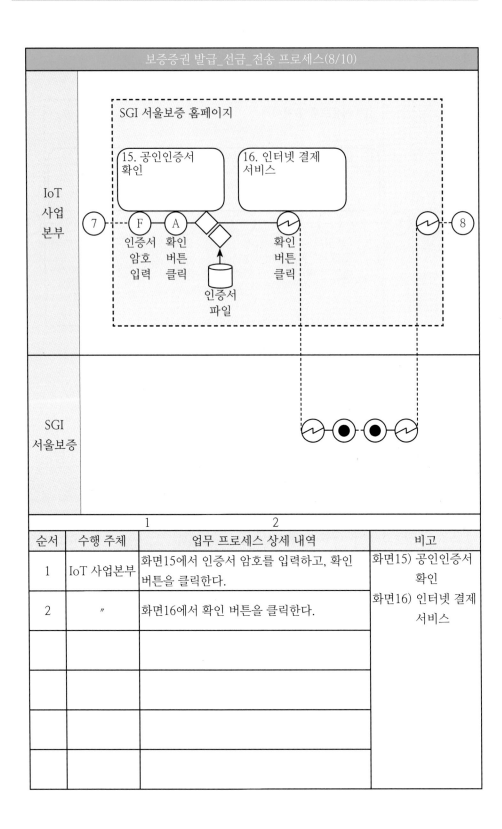

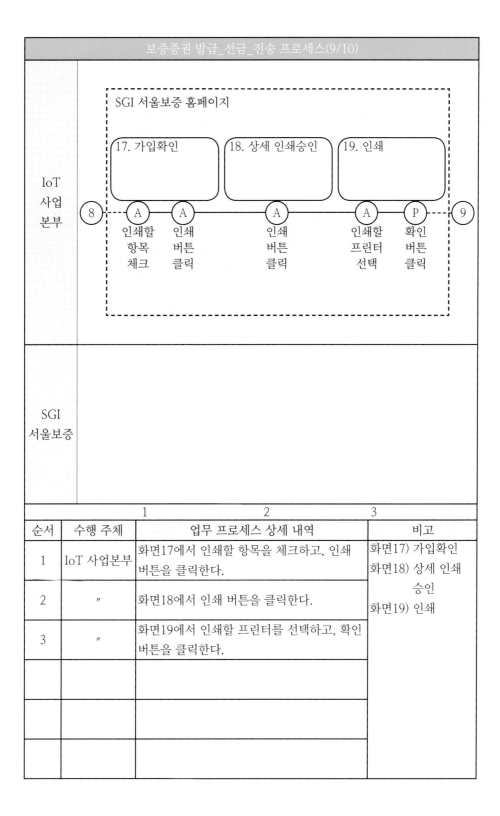

보증증권 발급_선금_전송 프로세스(9/10)				

순서	수행 주체	업무 프로세스 상세 내역	비고
1	IoT 사업본부	화면17에서 인쇄할 항목을 체크하고, 인쇄 버튼을 클릭한다.	화면17) 가입확인 화면18) 상세 인쇄 승인 화면19) 인쇄
2	〃	화면18에서 인쇄 버튼을 클릭한다.	
3	〃	화면19에서 인쇄할 프린터를 선택하고, 확인 버튼을 클릭한다.	

03

비즈니스 융합도(BCD) 실무

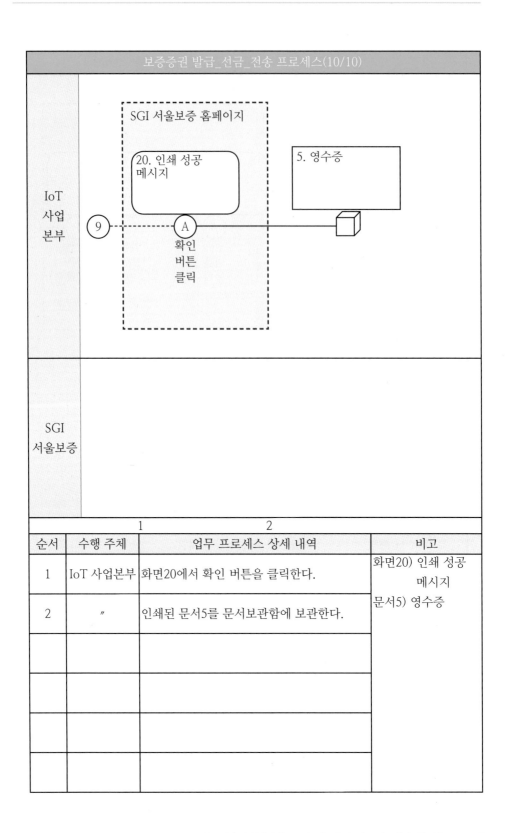

순서	수행 주체	업무 프로세스 상세 내역	비고
1	IoT 사업본부	화면20에서 확인 버튼을 클릭한다.	화면20) 인쇄 성공 메시지 문서5) 영수증
2	〃	인쇄된 문서5를 문서보관함에 보관한다.	

TIP 44　　같은 업무의 다른 프로세스 작성

　　같은 비즈니스 업무이지만 다양한 상황에 따라 다른 프로세스를 수행해야 하는 경우가 있다.

　　예를 들어 용역 수행사가 계약이 완료된 후 발주처에 선금을 청구하는 경우, '선금 청구'라는 같은 업무일지라도 발주처에 따라 청구 프로세스가 다를 수 있다. 나라장터 사이트를 통해 선금 청구를 하는 경우, 발주처의 담당자 또는 회계과에 직접 청구하도록 하는 경우 등 발주처의 업무 규정에 따라 여러 경우가 있을 수 있다.

　　이처럼 외견상으로는 같은 것처럼 보이는 업무라도, 상황에 따라 다른 프로세스가 필요한 경우에는 별도의 프로세스로 구분이 필요하다.

　　세부적인 프로세스 흐름의 변화를 업무에 따라 맞춤형으로 추적할 수 있도록, 비즈니스 융합 프로세스(BCP: Business Convergence Process)를 별도로 작성해야 한다.

[사례 13] 선금 청구_발주처 담당자에게 제출 프로세스

비즈니스 융합 프로세스 작성 대상

1. 계약이 완료된 후 발주처 담당자에게 직접 서류를 제출하여 선금을 청구하는 프로세스

가정 및 필요 사항

1. 발주처 담당자에게 서류를 제출하여 선금을 청구하는 것을 전제로 한다.
2. 선금 청구 원본을 발송하기 전에 공문과 선금 청구서를 발주처 담당자에게 파일로 보내 미리 내용을 검토 받은 후, 최종 청구를 하는 것을 전제로 한다.
3. 선금 청구에 필요한 서류는 공문, 선금 청구서, 법인통장 사본, 선금급 보증증권, 전자 세금계산서인 것을 전제로 한다.
4. 선금 청구 서류는 등기우편으로 발송하는 것을 전제로 한다.
5. 선금 보증증권 발급 프로세스, 전자 세금계산서 발급 프로세스는 별도의 하위 프로세스로 만들어 두고 참조하는 것을 전제로 한다.

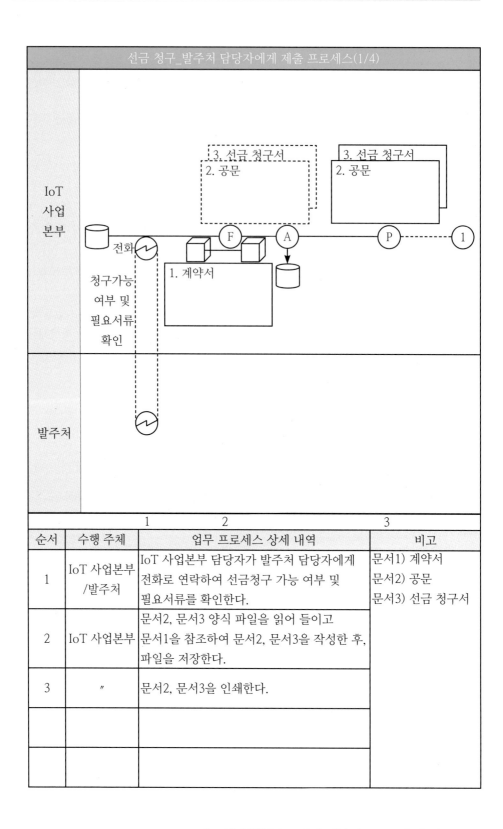

순서	수행 주체	업무 프로세스 상세 내역	비고
1	IoT 사업본부 /발주처	IoT 사업본부 담당자가 발주처 담당자에게 전화로 연락하여 선금청구 가능 여부 및 필요서류를 확인한다.	문서1) 계약서 문서2) 공문 문서3) 선금 청구서
2	IoT 사업본부	문서2, 문서3 양식 파일을 읽어 들이고 문서1을 참조하여 문서2, 문서3을 작성한 후, 파일을 저장한다.	
3	〃	문서2, 문서3을 인쇄한다.	

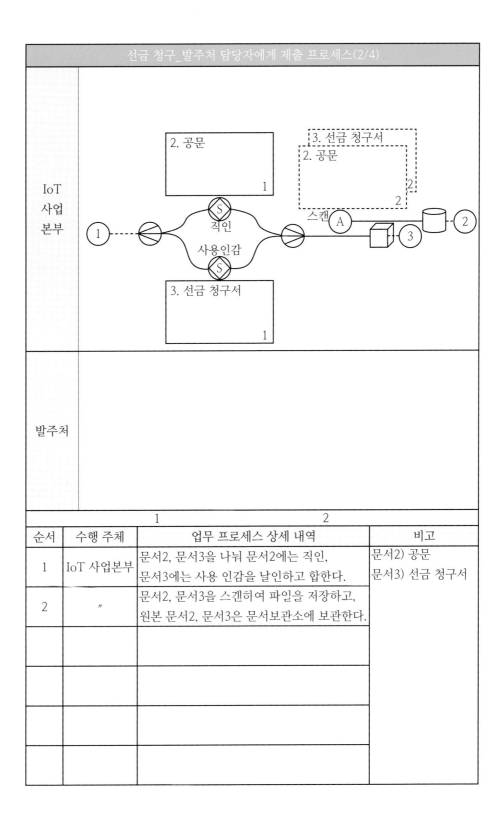

선금 청구_발주처 담당자에게 제출 프로세스(2/4)

순서	수행 주체	업무 프로세스 상세 내역	비고
1	IoT 사업본부	문서2, 문서3을 나눠 문서2에는 직인, 문서3에는 사용 인감을 날인하고 합한다.	문서2) 공문 문서3) 선금 청구서
2	〃	문서2, 문서3을 스캔히여 파일을 저장하고, 원본 문서2, 문서3은 문서보관소에 보관한다.	

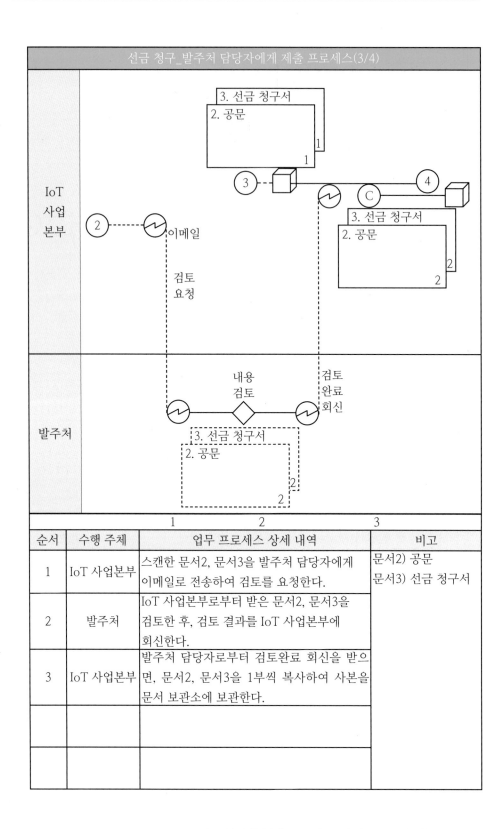

순서	수행 주체	업무 프로세스 상세 내역	비고
1	IoT 사업본부	스캔한 문서2, 문서3을 발주처 담당자에게 이메일로 전송하여 검토를 요청한다.	문서2) 공문 문서3) 선금 청구서
2	발주처	IoT 사업본부로부터 받은 문서2, 문서3을 검토한 후, 검토 결과를 IoT 사업본부에 회신한다.	
3	IoT 사업본부	발주처 담당자로부터 검토완료 회신을 받으면, 문서2, 문서3을 1부씩 복사하여 사본을 문서 보관소에 보관한다.	

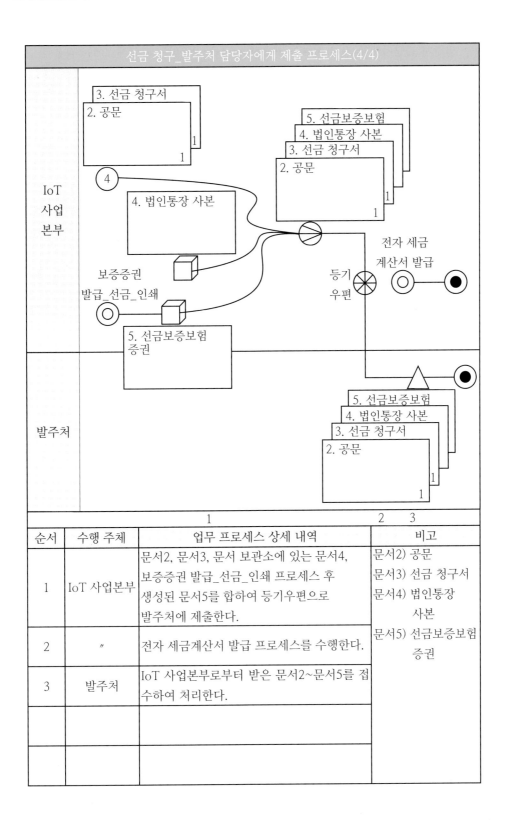

순서	수행 주체	업무 프로세스 상세 내역	비고
1	IoT 사업본부	문서2, 문서3, 문서 보관소에 있는 문서4, 보증증권 발급_선금_인쇄 프로세스 후 생성된 문서5를 합하여 등기우편으로 발주처에 제출한다.	문서2) 공문 문서3) 선금 청구서 문서4) 법인통장 사본 문서5) 선금보증보험 증권
2	〃	전자 세금계산서 발급 프로세스를 수행한다.	
3	발주처	IoT 사업본부로부터 받은 문서2~문서5를 접수하여 처리한다.	

발주처 담당자에게 직접 서류를 제출해 선금을 청구하는 프로세스에는 다음과 같이 2개의 하청 프로세스가 있다.

1. 보증증권 발급_선금_인쇄 프로세스 - 사례 14 참조
2. 전자 세금계산서 발급 프로세스 - 사례 15 참조

[사례 14] 보증증권 발급_선금_인쇄 프로세스

비즈니스 융합 프로세스 작성 대상

1. SGI 서울보증을 통해 선금급보증증권을 인쇄하여 종이 형태로 발급하는 프로세스

가정 및 필요 사항

1. 보증증권 발급 업무를 SGI 서울보증에서 하는 것을 전제로 한다.
2. 선금급보증증권은 직접 인쇄 하는 종이 형태로 발급하는 것을 전제로 한다.
3. SGI 서울보증 사무실에 미리 업체 등록이 되어 있어, 증권 발급에 필요한 회사 정보가 등록된 것을 전제로 한다.
4. 보증증권 발급 요청은 SGI 서울보증 사무실에 fax로 하고, 전자서명 및 보험료 결제 등 이후 업무는 SGI 서울보증 홈페이지(http://www.sgic.co.kr)에서 수행함을 전제로 한다.

 TIP 45   **BCD에서는 프로세스 내에서 판단을 허용하지 않는다!**

순서도에서는 프로세스 중간에 "예" 또는 "아니오"를 판단하여 판단에 따라 다른 프로세스를 이어간다. 이 경우 판단이 이루어지는 부분이 2개 이상이 되면 복잡해져서 제대로 프로세스를 파악하기 어렵게 된다.

BCD에서는 프로세스 내에서 선택을 위한 판단을 허용하지 않는다. 선택 상황이 있는 경우 선택지에 따라 각각 프로세스를 작성한다.

이 경우, 같은 프로세스를 반복적으로 그리는 데에 대한 불편이 있을 수 있다. 이때는 반복적인 처리 부분을 하청 프로세스로 하여 처리하면 작업의 효율성도 높이고, 선택지에 따른 프로세스 간 차이를 구분하는데도 쉽다.

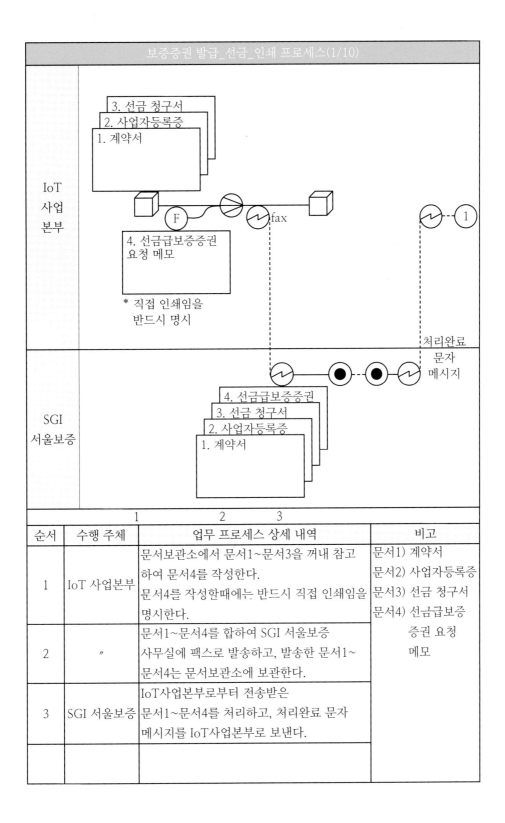

순서	수행 주체	업무 프로세스 상세 내역	비고
1	IoT 사업본부	문서보관소에서 문서1~문서3을 꺼내 참고하여 문서4를 작성한다. 문서4를 작성할때에는 반드시 직접 인쇄임을 명시한다.	문서1) 계약서 문서2) 사업자등록증 문서3) 선금 청구서 문서4) 선금급보증증권 요청 메모
2	〃	문서1~문서4를 합하여 SGI 서울보증 사무실에 팩스로 발송하고, 발송한 문서1~문서4는 문서보관소에 보관한다.	
3	SGI 서울보증	IoT사업본부로부터 전송받은 문서1~문서4를 처리하고, 처리완료 문자 메시지를 IoT사업본부로 보낸다.	

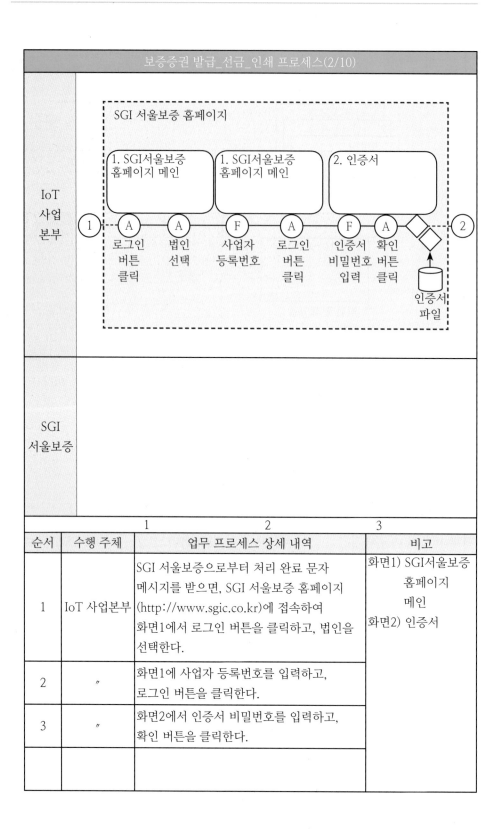

순서	수행 주체	업무 프로세스 상세 내역	비고
		1　　　　2　　　　3	
1	IoT 사업본부	SGI 서울보증으로부터 처리 완료 문자 메시지를 받으면, SGI 서울보증 홈페이지 (http://www.sgic.co.kr)에 접속하여 화면1에서 로그인 버튼을 클릭하고, 법인을 선택한다.	화면1) SGI서울보증 홈페이지 메인 화면2) 인증서
2	〃	화면1에 사업자 등록번호를 입력하고, 로그인 버튼을 클릭한다.	
3	〃	화면2에서 인증서 비밀번호를 입력하고, 확인 버튼을 클릭한다.	

보증증권 발급_선금_인쇄 프로세스(3/10)		

IoT 사업본부

SGI 서울보증 홈페이지

1. SGI서울보증 홈페이지 메인

3. 전자서명

4. 청약내용확인

② ─ Ⓐ ── Ⓐ ──── Ⓐ ──── Ⓐ ── Ⓐ ─ ③

전자서명 버튼 클릭　보험가입 버튼 클릭　해당 증권번호 클릭　확인함 각각 체크　보통/특별 약관 조회 버튼클릭

SGI 서울보증

순서	수행 주체	업무 프로세스 상세 내역	비고
		1　　　　　　2　　　　　　3	
1	IoT 사업본부	로그인된 화면1에서 전자서명 버튼을 클릭하고, 보험가입 버튼을 클릭한다.	화면1) SGI서울보증 홈페이지 메인
2	〃	화면3에서 해당 증권번호를 클릭힌다.	화면3) 전자서명
3	〃	화면4에서 확인함에 각각 체크한 후, 보통/특별약관 조회 버튼을 클릭한다.	화면4) 청약내용확인

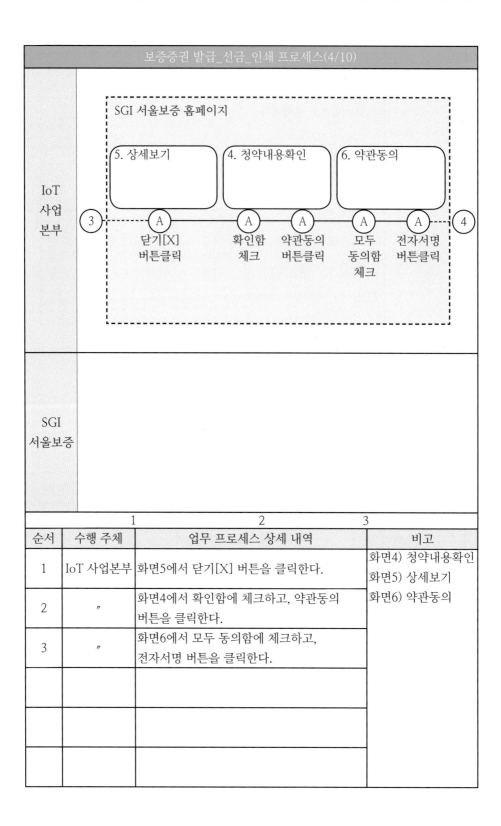

순서	수행 주체	업무 프로세스 상세 내역	비고
1	IoT 사업본부	화면5에서 닫기[X] 버튼을 클릭한다.	화면4) 청약내용확인 화면5) 상세보기 화면6) 약관동의
2	〃	화면4에서 확인함에 체크하고, 약관동의 버튼을 클릭한다.	
3	〃	화면6에서 모두 동의함에 체크하고, 전자서명 버튼을 클릭한다.	

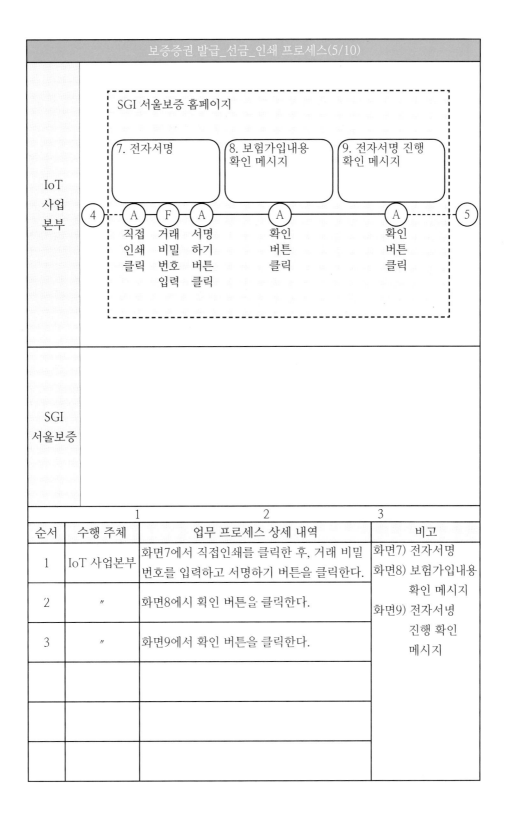

순서	수행 주체	1 업무 프로세스 상세 내역		3 비고
			2	
1	IoT 사업본부	화면7에서 직접인쇄를 클릭한 후, 거래 비밀 번호를 입력하고 서명하기 버튼을 클릭한다.		화면7) 전자서명 화면8) 보험가입내용
2	〃	화면8에시 확인 버튼을 클릭한다.		확인 메시지 화면9) 전자서녕
3	〃	화면9에서 확인 버튼을 클릭한다.		진행 확인 메시지

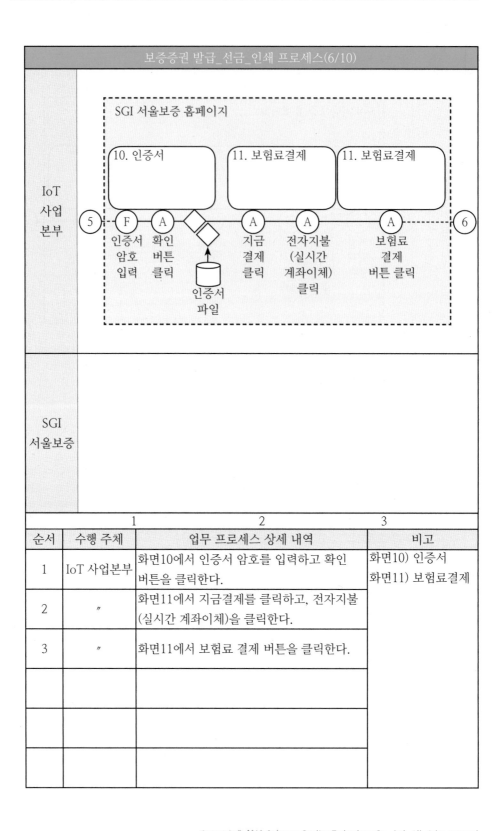

순서	수행 주체	업무 프로세스 상세 내역	비고
1	IoT 사업본부	화면10에서 인증서 암호를 입력하고 확인 버튼을 클릭한다.	화면10) 인증서 화면11) 보험료결제
2	〃	화면11에서 지금결제를 클릭하고, 전자지불 (실시간 계좌이체)을 클릭한다.	
3	〃	화면11에서 보험료 결제 버튼을 클릭한다.	

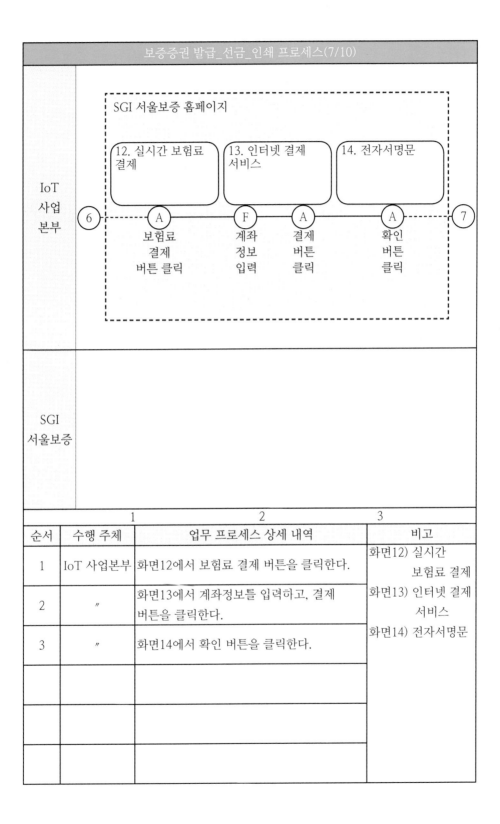

순서	수행 주체	업무 프로세스 상세 내역	비고
		1 2 3	
1	IoT 사업본부	화면12에서 보험료 결제 버튼을 클릭한다.	화면12) 실시간 보험료 결제
2	〃	화면13에서 계좌정보를 입력하고, 결제 버튼을 클릭한다.	화면13) 인터넷 결제 서비스
3	〃	화면14에서 확인 버튼을 클릭한다.	화면14) 전자서명문

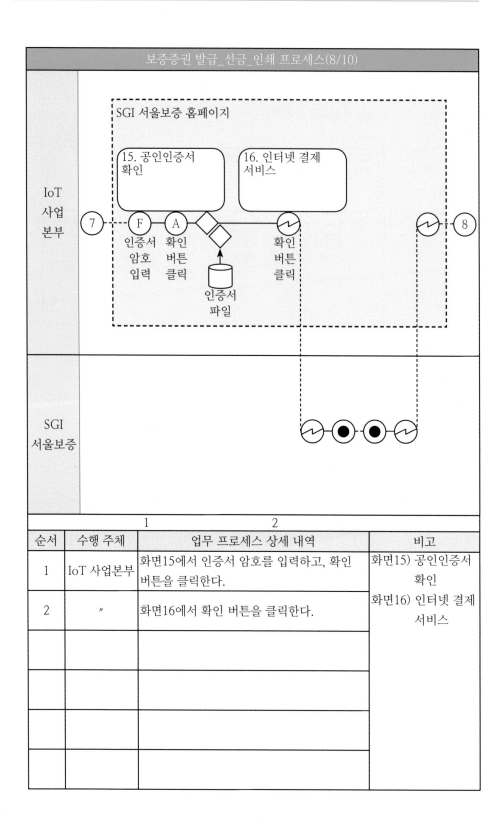

순서	수행 주체	업무 프로세스 상세 내역	비고
1	IoT 사업본부	화면15에서 인증서 암호를 입력하고, 확인 버튼을 클릭한다.	화면15) 공인인증서 확인
2	〃	화면16에서 확인 버튼을 클릭한다.	화면16) 인터넷 결제 서비스

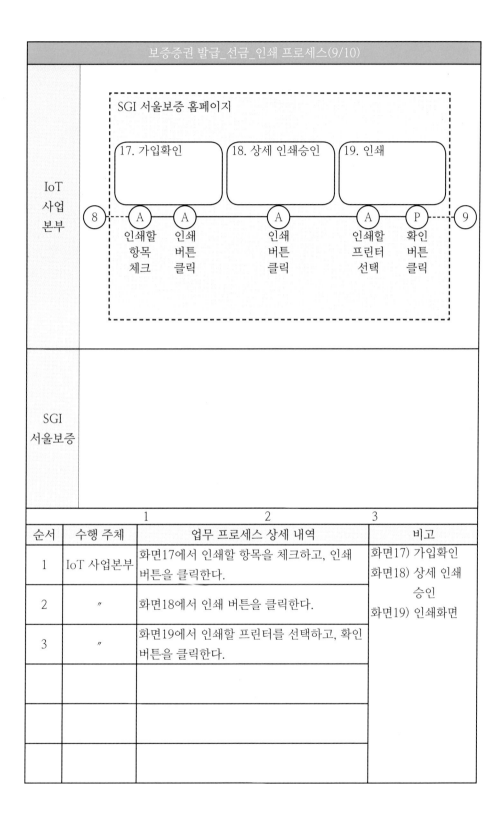

		1	2	3	
순서	수행 주체	업무 프로세스 상세 내역			비고
1	IoT 사업본부	화면17에서 인쇄할 항목을 체크하고, 인쇄 버튼을 클릭한다.			화면17) 가입확인 화면18) 상세 인쇄 승인 화면19) 인쇄화면
2	〃	화면18에서 인쇄 버튼을 클릭한다.			
3	〃	화면19에서 인쇄할 프린터를 선택하고, 확인 버튼을 클릭한다.			

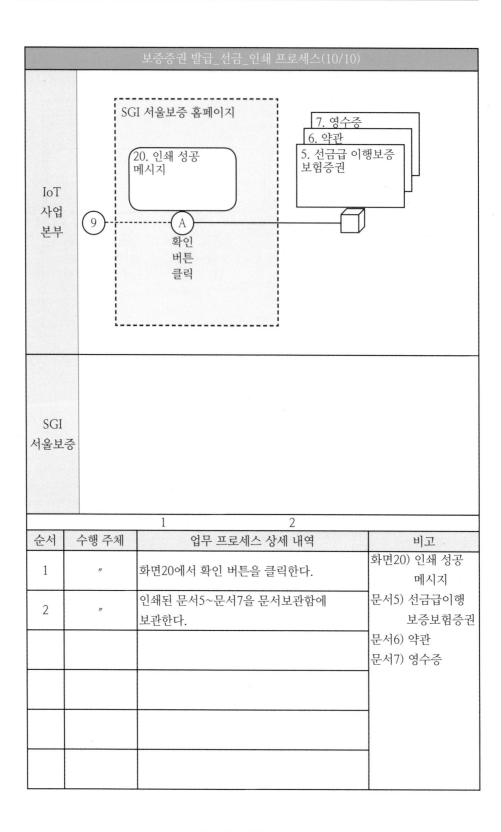

순서	수행 주체	업무 프로세스 상세 내역	비고
1	″	화면20에서 확인 버튼을 클릭한다.	화면20) 인쇄 성공 메시지
2	″	인쇄된 문서5~문서7을 문서보관함에 보관한다.	문서5) 선금급이행 보증보험증권 문서6) 약관 문서7) 영수증

[사례 15] 전자 세금계산서 발급 프로세스

비즈니스 융합 프로세스 작성 대상

1. 국세청 홈택스에서 전자 세금계산서를 발급하는 프로세스

가정 및 필요 사항

1. 전자 세금계산서 발행을 국세청 홈택스(http://www.hometax.go.kr)에서 하는 것을 전제로 한다.
2. 홈택스 이용을 위해 사전에 회원 가입 및 공인인증서 등록이 된 것을 전제로 한다.
3. 세금계산서를 발행하는 부가가치세 신고 대상 사업체임을 전제로 한다.
4. 전자 세금계산서 발행을 위한 공급받는자의 사업자 정보는 사전에 받아, 알고 있는 것을 전제로 한다.

 TIP 46   국세청 홈택스

▶ 국세청 홈택스란?

2015년부터 홈택스, 현금영수증, e세로 등 8개 국세청 인터넷 서비스가 통합되어 운영되는 국세 인터넷 서비스

▶ 국세청 홈택스 제공 서비스

1. 조회/발급 업무 : 세금의 신고/납부, 과제자료 제출, 전자세금계산서 조회/발급, 현금영수증 관리, 연말정산자료 관리 등의 업무 지원
2. 민원증명 업무 : 사업자등록증명, 납세증명서, 표준재무제표증명 등 13종(2016.3.14 기준)의 민원 증명 발급 서비스
3. 신청/제출 업무 : 승인, 허가, 신고 등 민원 신청 및 서류 제출 서비스
4. 신고/납부 업무 : 부가가치세, 인지세 등 각종 세금 신고서 작성 및 납부 서비스
5. 상담/제보 업무 : 세금관련 상담 및 건의사항·탈세 제보 등

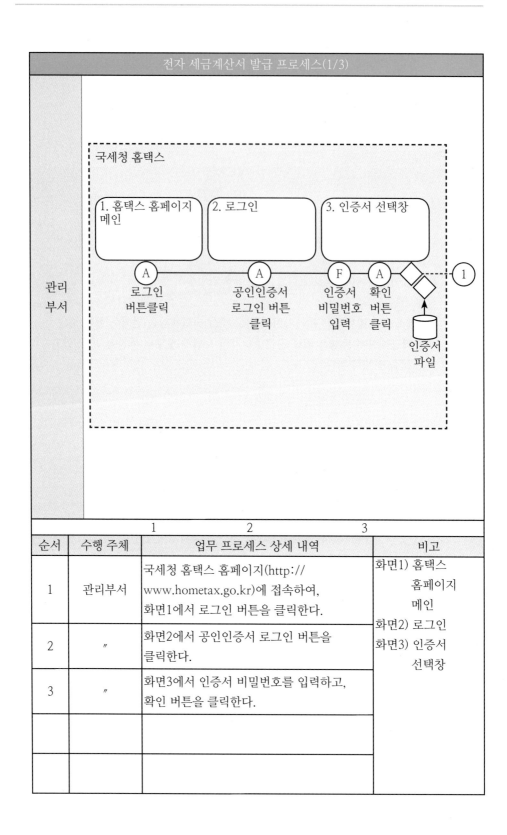

순서	수행 주체	업무 프로세스 상세 내역	비고
1	관리부서	국세청 홈택스 홈페이지(http://www.hometax.go.kr)에 접속하여, 화면1에서 로그인 버튼을 클릭한다.	화면1) 홈택스 홈페이지 메인 화면2) 로그인 화면3) 인증서 선택창
2	〃	화면2에서 공인인증서 로그인 버튼을 클릭한다.	
3	〃	화면3에서 인증서 비밀번호를 입력하고, 확인 버튼을 클릭한다.	

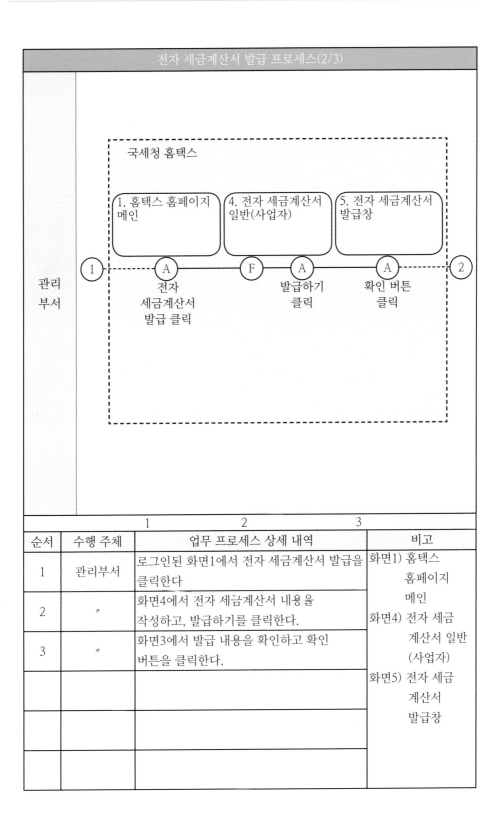

순서	수행 주체	업무 프로세스 상세 내역	비고
1	관리부서	로그인된 화면1에서 전자 세금계산서 발급을 클릭한다	화면1) 홈택스 홈페이지 메인
2	〃	화면4에서 전자 세금계산서 내용 을 작성하고, 발급하기를 클릭한다.	화면4) 전자 세금 계산서 일반 (사업자)
3	〃	화면3에서 발급 내용을 확인하고 확인 버튼을 클릭한다.	화면5) 전자 세금 계산서 발급창

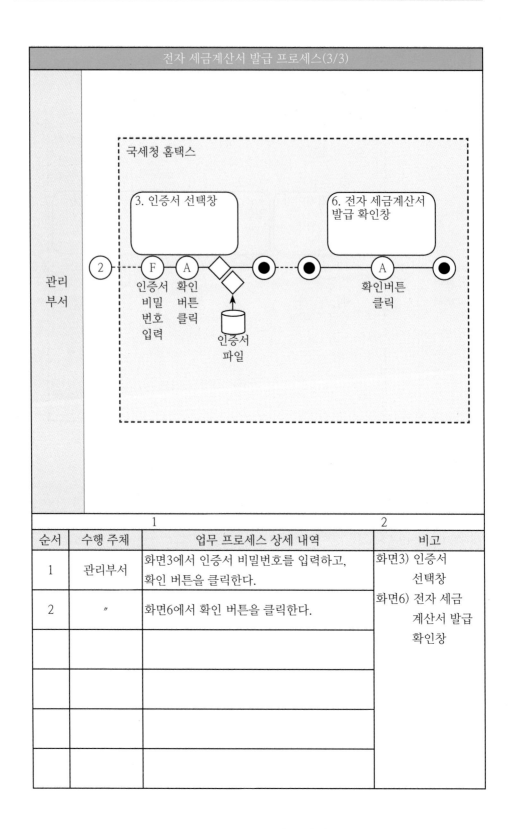

전자 세금계산서 발급 프로세스(3/3)				

순서	수행 주체	업무 프로세스 상세 내역	비고
1	관리부서	화면3에서 인증서 비밀번호를 입력하고, 확인 버튼을 클릭한다.	화면3) 인증서 선택창
2	〃	화면6에서 확인 버튼을 클릭한다.	화면6) 전자 세금 계산서 발급 확인창

TIP 47　　BCD의 프로세스 내에서 판단을 허용하지 않는 이유는?

　　순서도(flowchart)에서는 프로세스 중간에 논리적인 판단을 해보고 결과가 "예" 또는 "아니오"와 같은 형태로 나타날 경우 이를 근거로 흐름이 갈라져 다른 프로세스를 이어간다. 이 경우 판단은 한가지의 단순한 판단부터 수백 가지 이상의 다양한 판단으로 확장될 수 있다. 이는 프로세스를 복잡하게 만들어 직관적으로 파악하는 것을 방해하는 요인으로 작용한다.

　　이러한 문제를 해결하기 위해 논리 흐름(logic flow) 체계를 구조화하는 구조적 프로그래밍(SP: Structured Programming)이라는 개념과 논리 절차를 클래스로 묶어서 지역화(localization)하는 객체 지향 프로그래밍(OOP: Object-Oriented Programming)이라는 개념이 태동하였다.

　　이러한 개념은 인간으로 말하자면 몸속의 신경망 같은 구성으로 표현할 수 있다. 이러한 신경망이 외부로 나타나면 인간의 전체적인 파악이 어려워진다. 그래서 인간도 신경망을 피부 조직으로 감싸고, 외부에는 표정 등으로 총괄적으로 나타낸다.

　　BCD도 총괄적인 업무의 가치 흐름을 나타내는 것이기 때문에 프로세스 내에서 신경망 같은 유형의 선택을 위한 판단을 허용하지 않는다. 선택 상황이 있는 경우 선택지에 따라 각각 프로세스를 별도로 작성하는 방법을 사용한다.

[사례 16] 준공계 제출_나라장터 사이트 이용 프로세스

비즈니스 융합 프로세스 작성 대상

1. 사업을 완료하고 나라장터를 이용하여 사업의 준공계를 제출하고, 발주처의 완수 확인까지 받는 프로세스

가정 및 필요 사항

1. 나라장터 사이트를 이용해 준공계를 제출하는 것을 전제로 한다.
2. 사업의 준공은 문제없이 완료된 것을 전제로 한다.
3. 나라장터 사이트에 로그인하여 받은 문서함을 확인하는 프로세스는 별도의 하위 프로세스로 만들어 두고 참조하는 것을 전제로 한다.

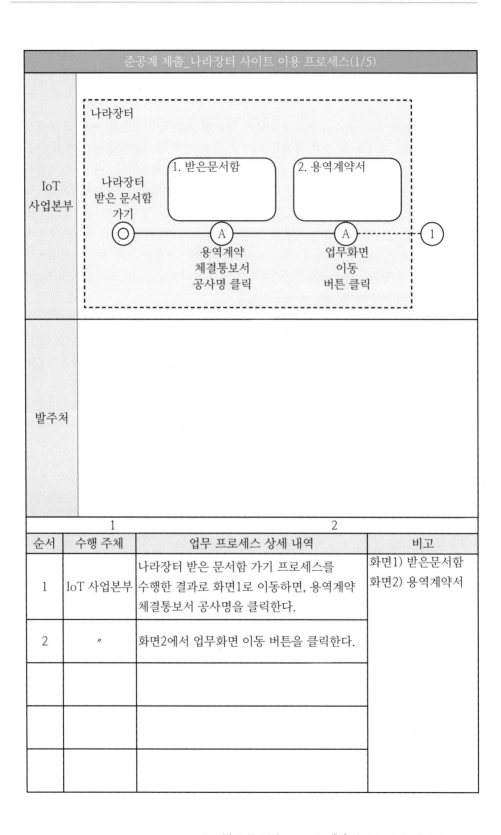

순서	수행 주체	업무 프로세스 상세 내역	비고
1	IoT 사업본부	나라장터 받은 문서함 가기 프로세스를 수행한 결과로 화면1로 이동하면, 용역계약 체결통보서 공사명을 클릭한다.	화면1) 받은문서함 화면2) 용역계약서
2	〃	화면2에서 업무화면 이동 버튼을 클릭한다.	

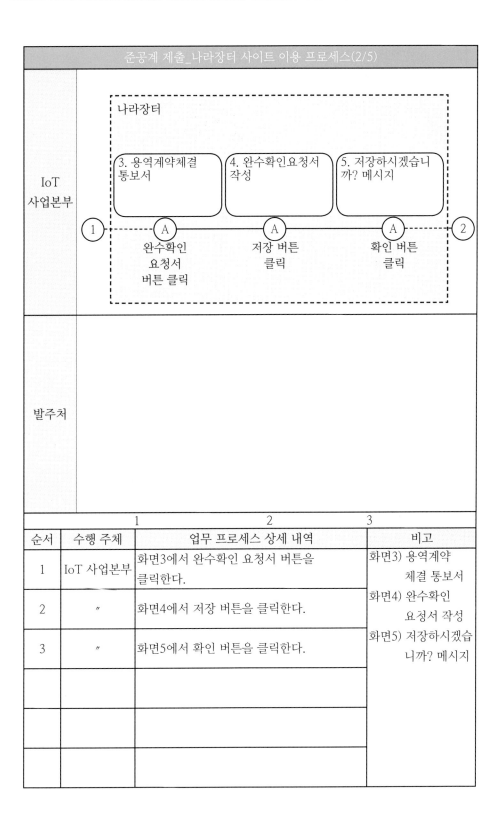

순서	수행 주체	업무 프로세스 상세 내역	비고
		1 2 3	
1	IoT 사업본부	화면3에서 완수확인 요청서 버튼을 클릭한다.	화면3) 용역계약 체결 통보서 화면4) 완수확인 요청서 작성 화면5) 저장하시겠습 니까? 메시지
2	〃	화면4에서 저장 버튼을 클릭한다.	
3	〃	화면5에서 확인 버튼을 클릭한다.	

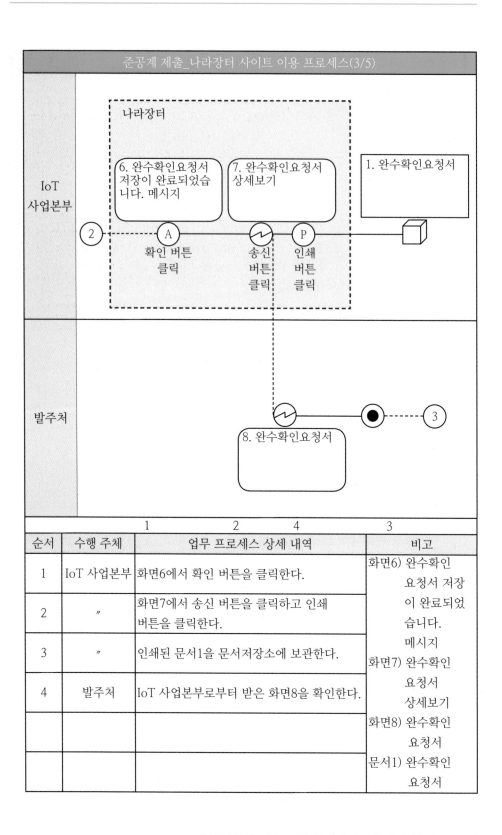

준공계 제출_나라장터 사이트 이용 프로세스(3/5)

순서	수행 주체	업무 프로세스 상세 내역	비고
1	IoT 사업본부	화면6에서 확인 버튼을 클릭한다.	화면6) 완수확인 요청서 저장 이 완료되었 습니다. 메시지
2	〃	화면7에서 송신 버튼을 클릭하고 인쇄 버튼을 클릭한다.	
3	〃	인쇄된 문서1을 문서저장소에 보관한다.	화면7) 완수확인 요청서 상세보기
4	발주처	IoT 사업본부로부터 받은 화면8을 확인한다.	화면8) 완수확인 요청서
			문서1) 완수확인 요청서

03

비즈니스 융합도(BCD) 실무

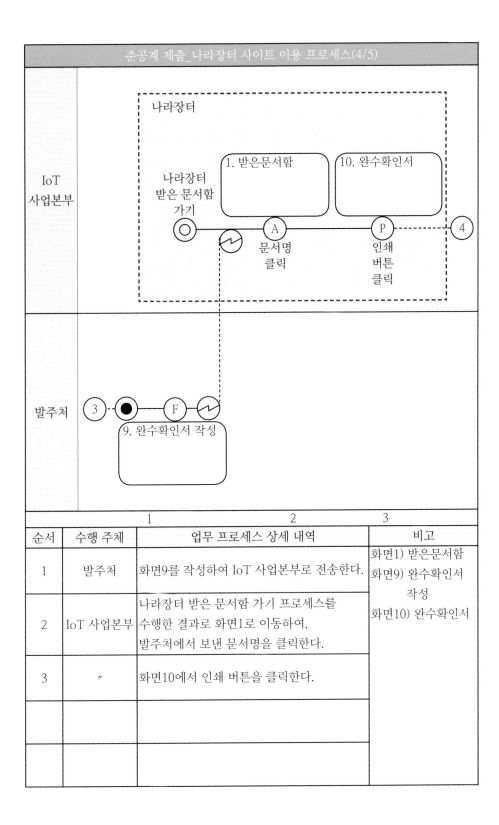

순서	수행 주체	업무 프로세스 상세 내역	비고
1	발주처	화면9를 작성하여 IoT 사업본부로 전송한다.	화면1) 받은문서함 화면9) 완수확인서 작성 화면10) 완수확인서
2	IoT 사업본부	나라장터 받은 문서함 가기 프로세스를 수행한 결과로 화면1로 이동하여, 발주처에서 보낸 문서명을 클릭한다.	
3	″	화면10에서 인쇄 버튼을 클릭한다.	

준공계 제출_나라장터 사이트 이용 프로세스(5/5)

IoT 사업본부

2. 완수확인서

④

발주처

1

순서	수행 주체	업무 프로세스 상세 내역	비고
1	IoT 사업본부	인쇄된 문서2를 문서저장소에 보관한다.	문서2) 완수확인서

TIP 48 BCD에서 판단을 꼭 사용하고 싶은 경우의 대응 방법

　BCD에서의 판단은 어떤 것을 확인하거나 검증하는 차원의 판단만을 허용한다. 판단의 결과 프로세스의 흐름이 갈라지는 형태는 허용하지 않는다.

　그런데도 꼭 어떤 판단을 동반하는 세부 로직을 병행하여 기술하고 싶을 경우에는 각 판단을 동반하는 활동을 작업 프로세스의 처리 패턴으로 표기하고 해당 처리 패턴에 해당 로직을 표현하는 논리 흐름을 나타내는 파일을 하이퍼 링크(hyper link) 형태로 설정한다.

　하이퍼 링크(hyper link)로 연결되는 부분에는 한국 정보통신단체 표준(TTAK.KO -11.0196)인 '소프트웨어 논리 구조 표기 지침(Guidelines for Representing the Logic Structure of Software)'에 의거한 쏙(SOC: Structured Object Component) 표기로 나타낸다. 쏙(SOC) 표기와 관련한 상세한 내용은 필자의 저서인 'SW 설계 자동화 방법론/유홍준 저/(주)소프트웨어품질기술원'을 참조하기 바란다.

　나라장터를 이용해 준공계를 제출하고 발주처로부터 완수 확인을 받는 프로세스에는 다음과 같이 1개의 하청 프로세스가 있다.

　1. 나라장터 받은 문서함 가기 프로세스 – 사례 17 참조

[사례 17] 나라장터 받은 문서함 가기 프로세스

비즈니스 융합 프로세스 작성 대상

1. 나라장터 사이트에서 받은 문서함으로 가기 위한 로그인 과정 프로세스

가정 및 필요 사항

1. 나라장터 사이트(www.g2b.go.kr)에 업체 회원 가입이 되어 있고, 공인인증서 등록을 마친 상태임을 전제로 한다.

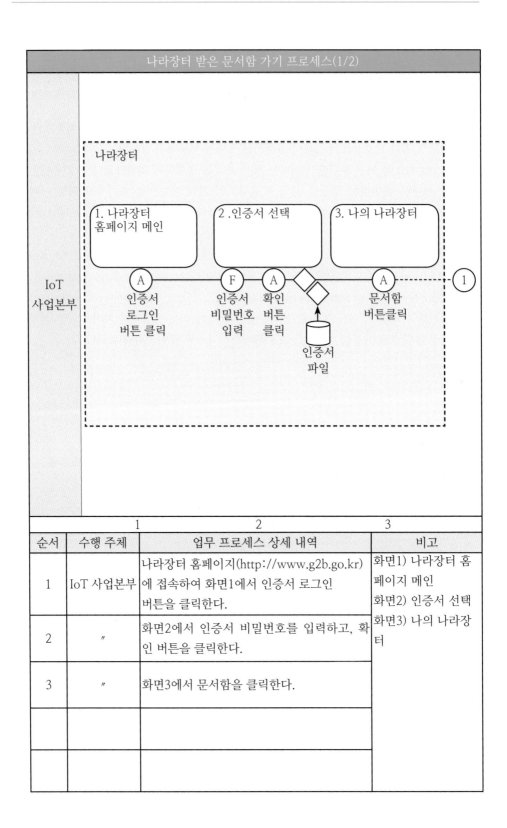

나라장터 받은 문서함 가기 프로세스(1/2)

순서	수행 주체	업무 프로세스 상세 내역	비고
		1 2 3	
1	IoT 사업본부	나라장터 홈페이지(http://www.g2b.go.kr) 에 접속하여 화면1에서 인증서 로그인 버튼을 클릭한다.	화면1) 나라장터 홈페이지 메인 화면2) 인증서 선택 화면3) 나의 나라장터
2	〃	화면2에서 인증서 비밀번호를 입력하고, 확인 버튼을 클릭한다.	
3	〃	화면3에서 문서함을 클릭한다.	

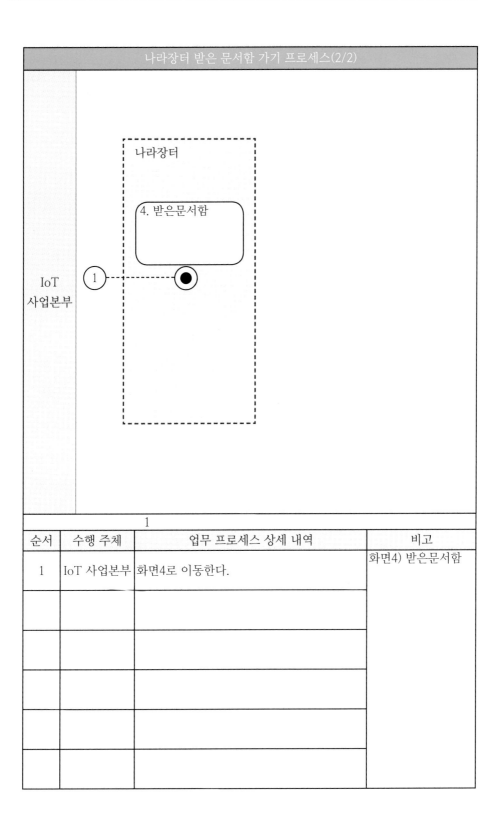

순서	수행 주체	업무 프로세스 상세 내역	비고
1	IoT 사업본부	화면4로 이동한다.	화면4) 받은문서함

[사례 18] GS인증 신청 프로세스

비즈니스 융합 프로세스 작성 대상

1. GS인증을 위한 상담, 시험 합의, 계약 등 GS인증을 위한 신청 프로세스

가정 및 필요 사항

1. GS인증 대상 프로그램은 개발이 완료된 것을 전제로 한다.
2. 한국정보통신기술협회 홈페이지를 통해 GS인증을 신청하는 것을 전제로 한다.

✎ **TIP 49**   GS인증

▶ **GS 인증이란?**

GS(Good Software) 인증이란 국내 소프트웨어의 품질 증명과 향상을 위한 국가 인증 제도이다. 한국정보통신기술협회(TTA)가 국제 표준에 의거하여 소프트웨어 품질 평가 모델을 적용하여 시험을 실시하고, 인증 기준을 만족하는 소프트웨어 제품에 한해 국가가 인증을 부여하고 있다.

GS 인증 제도는 소비자와 기업이 우수한 소프트웨어 제품을 믿고 구입하여 사용할 수 있도록 하기 위한 제도이다.

모든 분야에 대한 소프트웨어를 대상으로 하고 있으며, 품질이 높은 소프트웨어에 인증 마크 부여함으로써 소프트웨어 제품의 품질 확보 및 소프트웨어 업체의 판로를 지원한다.

1등급과 2등급의 2가지 등급이 있으며, 1등급이 2등급보다 높은 등급의 인증이다.

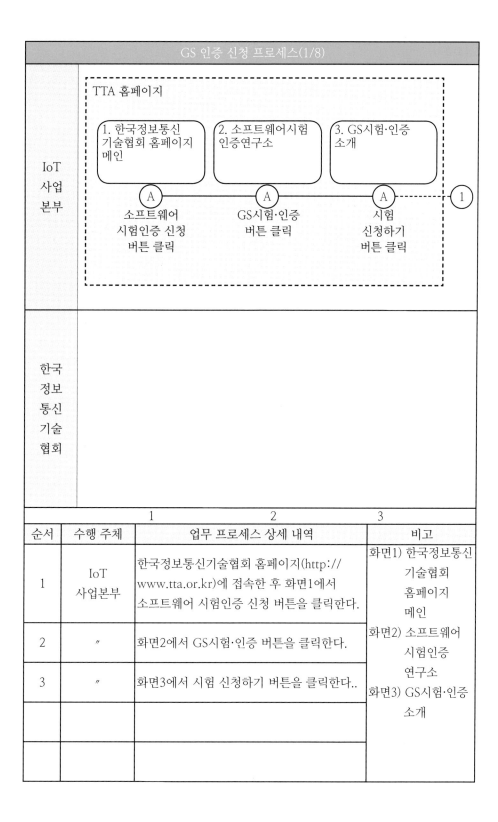

순서	수행 주체	업무 프로세스 상세 내역	비고
1	IoT 사업본부	한국정보통신기술협회 홈페이지(http:// www.tta.or.kr)에 접속한 후 화면1에서 소프트웨어 시험인증 신청 버튼을 클릭한다.	화면1) 한국정보통신 기술협회 홈페이지 메인
2	〃	화면2에서 GS시험·인증 버튼을 클릭한다.	화면2) 소프트웨어 시험인증 연구소
3	〃	화면3에서 시험 신청하기 버튼을 클릭한다..	화면3) GS시험·인증 소개

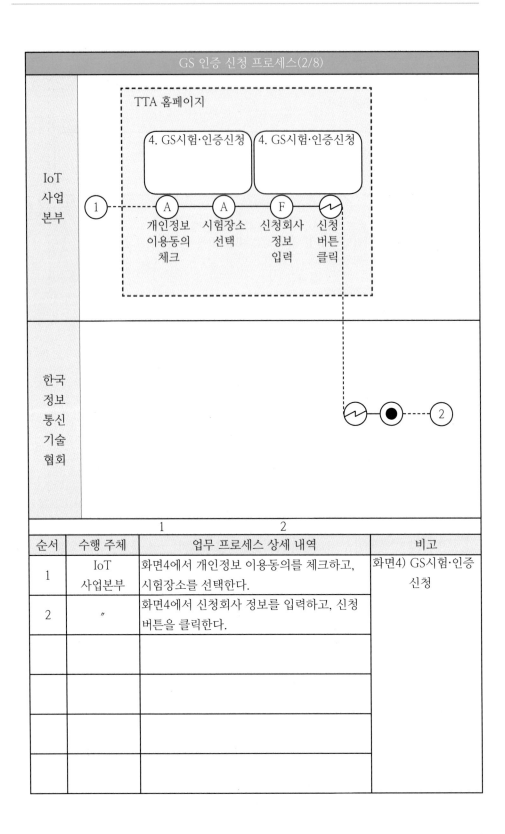

순서	수행 주체	업무 프로세스 상세 내역	비고
1	IoT 사업본부	화면4에서 개인정보 이용동의를 체크하고, 시험장소를 선택한다.	화면4) GS시험·인증 신청
2	〃	화면4에서 신청회사 정보를 입력하고, 신청 버튼을 클릭한다.	

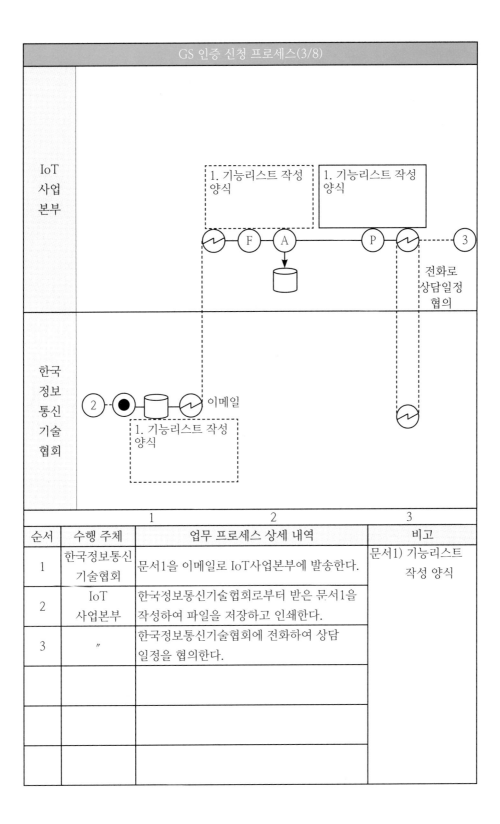

순서	수행 주체	업무 프로세스 상세 내역	비고
1	한국정보통신 기술협회	문서1을 이메일로 IoT사업본부에 발송한다.	문서1) 기능리스트 작성 양식
2	IoT 사업본부	한국정보통신기술협회로부터 받은 문서1을 작성하여 파일을 저장하고 인쇄한다.	
3	〃	한국정보통신기술협회에 전화하여 상담 일정을 협의한다.	

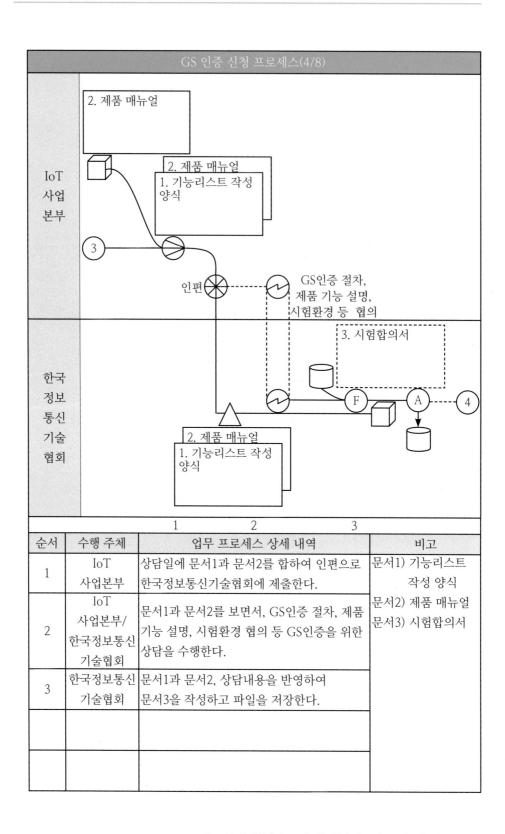

순서	수행 주체	업무 프로세스 상세 내역	비고
1	IoT 사업본부	상담일에 문서1과 문서2를 합하여 인편으로 한국정보통신기술협회에 제출한다.	문서1) 기능리스트 작성 양식
2	IoT 사업본부/ 한국정보통신 기술협회	문서1과 문서2를 보면서, GS인증 절차, 제품 기능 설명, 시험환경 협의 등 GS인증을 위한 상담을 수행한다.	문서2) 제품 매뉴얼 문서3) 시험합의서
3	한국정보통신 기술협회	문서1과 문서2, 상담내용을 반영하여 문서3을 작성하고 파일을 저장한다.	

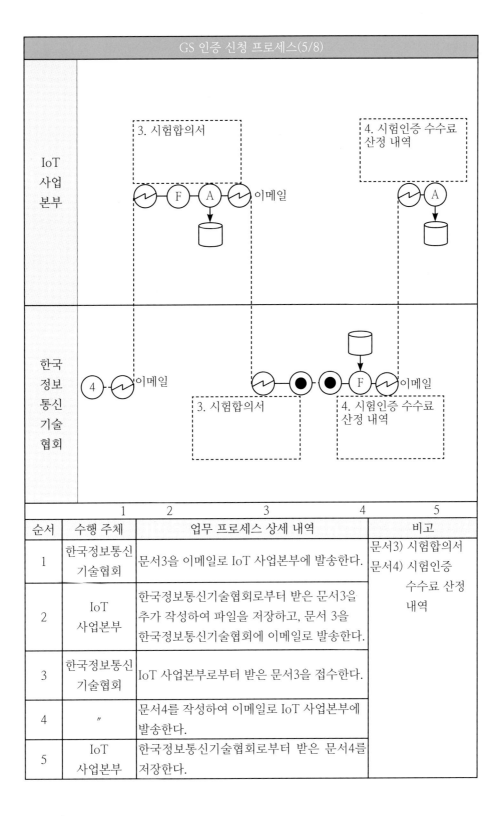

순서	수행 주체	업무 프로세스 상세 내역	비고
1	한국정보통신 기술협회	문서3을 이메일로 IoT 사업본부에 발송한다.	문서3) 시험합의서 문서4) 시험인증 　　　수수료 산정 　　　내역
2	IoT 사업본부	한국정보통신기술협회로부터 받은 문서3을 추가 작성하여 파일을 저장하고, 문서 3을 한국정보통신기술협회에 이메일로 발송한다.	
3	한국정보통신 기술협회	IoT 사업본부로부터 받은 문서3을 접수한다.	
4	〃	문서4를 작성하여 이메일로 IoT 사업본부에 발송한다.	
5	IoT 사업본부	한국정보통신기술협회로부터 받은 문서4를 저장한다.	

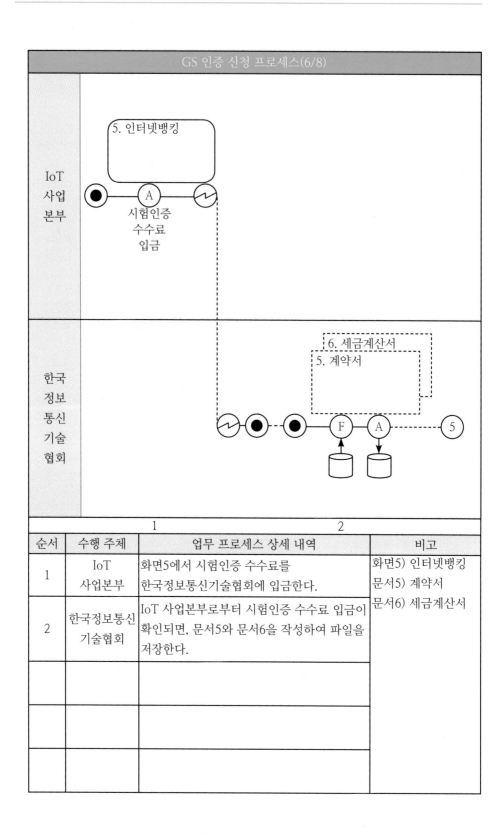

순서	수행 주체	업무 프로세스 상세 내역	비고
1	IoT 사업본부	화면5에서 시험인증 수수료를 한국정보통신기술협회에 입금한다.	화면5) 인터넷뱅킹 문서5) 계약서 문서6) 세금계산서
2	한국정보통신 기술협회	IoT 사업본부로부터 시험인증 수수료 입금이 확인되면, 문서5와 문서6을 작성하여 파일을 저장한다.	

03

비즈니스 융합도(BCD) 실무

190

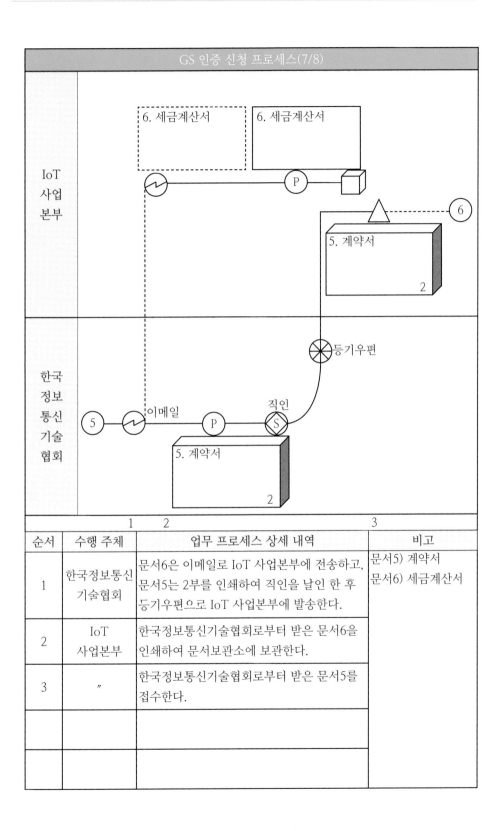

GS 인증 신청 프로세스(7/8)

순서	수행 주체	업무 프로세스 상세 내역	비고
1	한국정보통신 기술협회	문서6은 이메일로 IoT 사업본부에 전송하고, 문서5는 2부를 인쇄하여 직인을 날인 한 후 등기우편으로 IoT 사업본부에 발송한다.	문서5) 계약서 문서6) 세금계산서
2	IoT 사업본부	한국정보통신기술협회로부터 받은 문서6을 인쇄하여 문서보관소에 보관한다.	
3	〃	한국정보통신기술협회로부터 받은 문서5를 접수한다.	

03

비즈니스 융합도(BCD) 실무

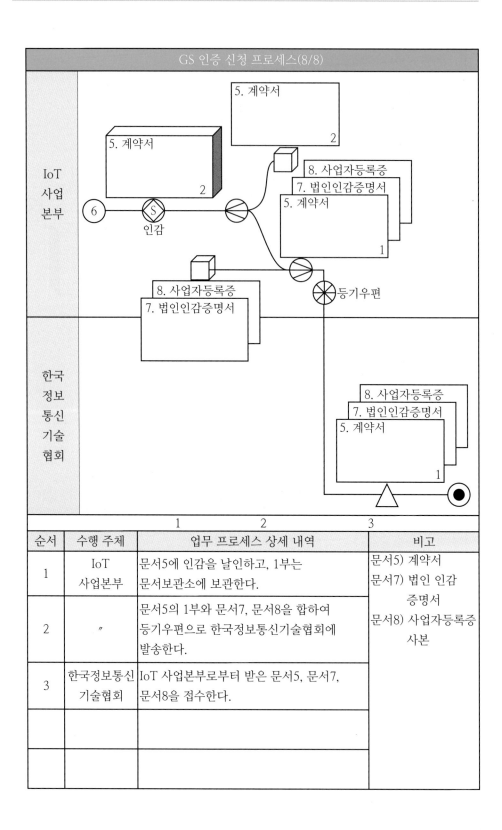

순서	수행 주체	업무 프로세스 상세 내역	비고
1	IoT 사업본부	문서5에 인감을 날인하고, 1부는 문서보관소에 보관한다.	문서5) 계약서 문서7) 법인 인감 증명서 문서8) 사업자등록증 사본
2	〃	문서5의 1부와 문서7, 문서8을 합하여 등기우편으로 한국정보통신기술협회에 발송한다.	
3	한국정보통신 기술협회	IoT 사업본부로부터 받은 문서5, 문서7, 문서8을 접수한다.	

3.3 정보와 사물 복합 실무에서의 BCD 표기 사례

정보(information)와 사물(things)을 복합적으로 표현하는 실무 몇 가지를 사례로 들어 BCD 표기 방법에 대해 자세히 알아보겠다.

본서에서 제시하는 사례는 제안서를 제출하는 프로세스이다.

이 프로세스는 사례 19에서 다뤄지며, 제안서 작성(사례 20), 가격 전자 입찰(사례 21), 경쟁입찰 참가자격 등록증 인쇄(사례 22), 인감증명서 발급(사례 23), 법인등기부등본 발급(사례 24)의 5개의 하청 프로세스를 포함하고 있다.

[사례 19] 제안서 제출 프로세스

　　　　# 5개의 하청 프로세스 포함　# 정보와 사물의 복합 프로세스

　　　　# 문서의 합치기와 나누기　# 파일의 CD 저장　# 사물의 이동

　　　　# 웹하드에 파일 업로드　# 상호 검증

[사례 20] 제안서 작성 프로세스

　　　　# 전자 화면에서 전자 문서 다운로드

[사례 21] 가격 전자 입찰 프로세스

　　　　# 전자 화면 중심　# 지문인식기 로그인

[사례 22] 경쟁입찰 참가자격 등록증 인쇄 프로세스

　　　　# 전자 화면 중심　# 공인인증서 로그인

[사례 23] 법인인감증명서 발급 프로세스

　　　　# 사물의 이동　# 자동화기기 사용

[사례 24] 법인등기부등본 발급 프로세스

　　　　# 선자 화면 중심

✏️ **TIP 50** 정보와 사물의 복합 표기 시의 유의사항

비즈니스 융합도(BCD: Business Convergence Diagram)는 정보와 사물을 복합적으로 표기하는 방법이다. 비즈니스 융합도(BCD)를 사용하여 정보와 사물을 복합 표기할 때의 유의 사항을 두 가지로 정리하면 다음과 같다.

첫째, 정보 프로세스를 표기할 때, 판단에 의한 분기를 표현하지 않는다. 판단에 의한 분기와 같은 논리적인 제어는 소프트웨어 논리 구조 표기 방법(TTAK.KO-11.0196 정보통신단체 표준)인 구조화 객체 부품(SOC: Structured Object Component)을 사용한다.

둘째, 비즈니스 융합도는 비즈니스가 주체가 되기 때문에 사물 프로세스를 표기할 때, 사물에 대한 미세 조작을 표현하지 않는다. 사물 프로세스를 미세 조작 수준까지 세밀하게 표기할 때는 작업 융합도(WCD: Work Convergence Diagram)를 사용한다.

[사례 19] 제안서 제출 프로세스

비즈니스 융합 프로세스 작성 대상

1. 제안서 작성과 제본, 입찰 관련 서류를 준비하여 제안서를 제출하는 프로세스

가정 및 필요 사항

1. 제안서 제출은 조달청에 직접 제출, 가격 입찰은 나라장터 사이트에서 전자 입찰을 하는 것을 전제로 한다.
2. 제안서 작성 프로세스, 가격 전자 입찰 프로세스, 경쟁입찰참가자격 등록증 출력 프로세스, 법인인감증명서 발급 프로세스, 법인등기부등본 발급 프로세스는 별도의 하위 프로세스로 만들어 두고 참조하는 것을 전제로 한다.
3. 조달청에 제출하는 제안서 외에 회사 보관용으로 1부 더 제본하는 것을 전제로 한다.
4. 제안서에는 보안서약서, 재직증명서, 비상근참여동의서, 자격증 사본을 합본하는 것을 전제로 한다.
5. 기관에 따라서 관련 서류는 다를 수 있다.

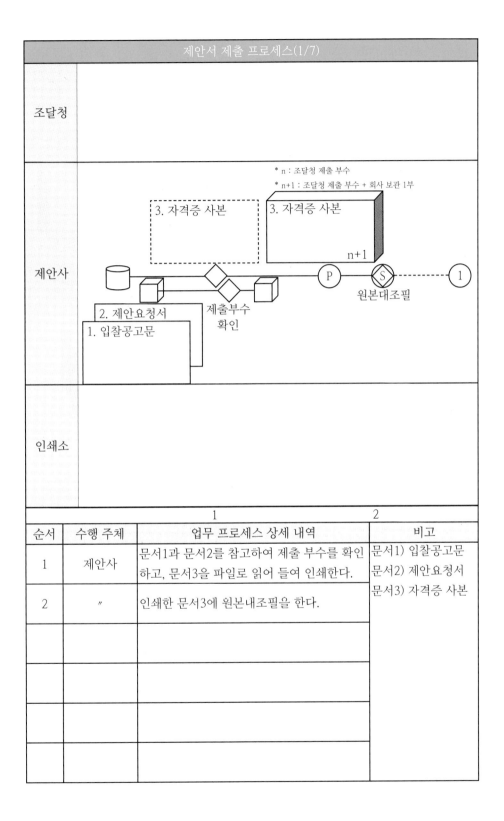

제안서 제출 프로세스(1/7)		

조달청

제안사

* n : 조달청 제출 부수
* n+1 : 조달청 제출 부수 + 회사 보관 1부

3. 자격증 사본

3. 자격증 사본

n+1

2. 제안요청서

1. 입찰공고문

제출부수 확인

P S 1

원본대조필

인쇄소

순서	수행 주체	업무 프로세스 상세 내역	비고
1	제안사	문서1과 문서2를 참고하여 제출 부수를 확인하고, 문서3을 파일로 읽어 들여 인쇄한다.	문서1) 입찰공고문 문서2) 제안요청서 문서3) 자격증 사본
2	〃	인쇄한 문서3에 원본내조필을 한다.	

비즈니스 융합도(BCD) 실무

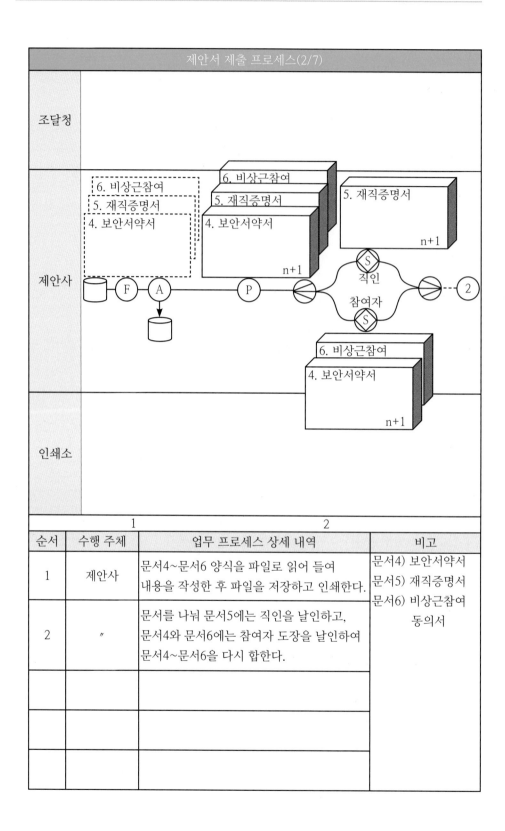

순서	수행 주체	업무 프로세스 상세 내역	비고
1	제안사	문서4~문서6 양식을 파일로 읽어 들여 내용을 작성한 후 파일을 저장하고 인쇄한다.	문서4) 보안서약서 문서5) 재직증명서 문서6) 비상근참여 동의서
2	〃	문서를 나눠 문서5에는 직인을 날인하고, 문서4와 문서6에는 참여자 도장을 날인하여 문서4~문서6을 다시 합한다.	

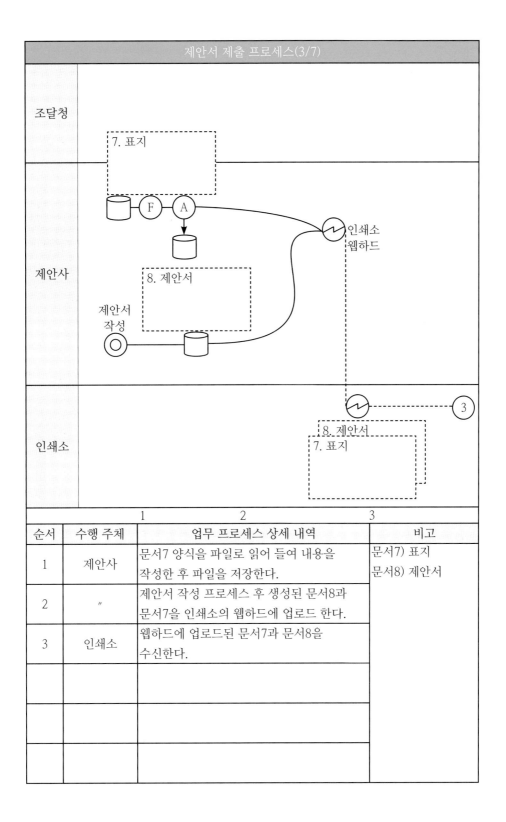

순서	수행 주체	업무 프로세스 상세 내역	비고
1	제안사	문서7 양식을 파일로 읽어 들여 내용을 작성한 후 파일을 저장한다.	문서7) 표지 문서8) 제안서
2	〃	제안서 작성 프로세스 후 생성된 문서8과 문서7을 인쇄소의 웹하드에 업로드 한다.	
3	인쇄소	웹하드에 업로드된 문서7과 문서8을 수신한다.	

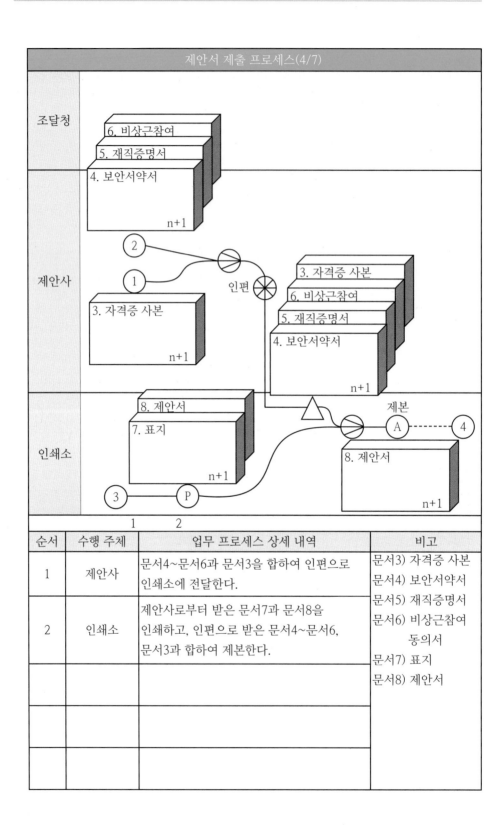

순서	수행 주체	업무 프로세스 상세 내역	비고
1	제안사	문서4~문서6과 문서3을 합하여 인편으로 인쇄소에 전달한다.	문서3) 자격증 사본 문서4) 보안서약서 문서5) 재직증명서
2	인쇄소	제안사로부터 받은 문서7과 문서8을 인쇄하고, 인편으로 받은 문서4~문서6, 문서3과 합하여 제본한다.	문서6) 비상근참여 　　　　동의서 문서7) 표지 문서8) 제안서

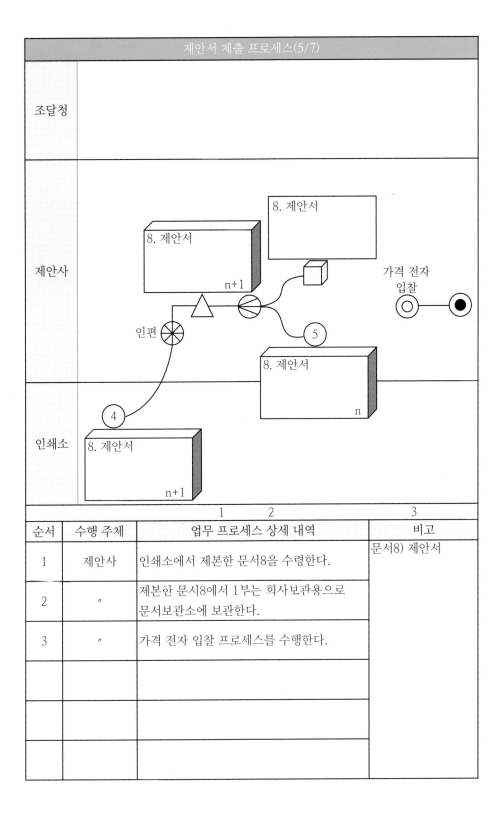

순서	수행 주체	업무 프로세스 상세 내역	비고
1	제안사	인쇄소에서 제본한 문서8을 수령한다.	문서8) 제안서
2	〃	제본한 문서8에서 1부는 회사보관용으로 문서보관소에 보관한다.	
3	〃	가격 전자 입찰 프로세스를 수행한다.	

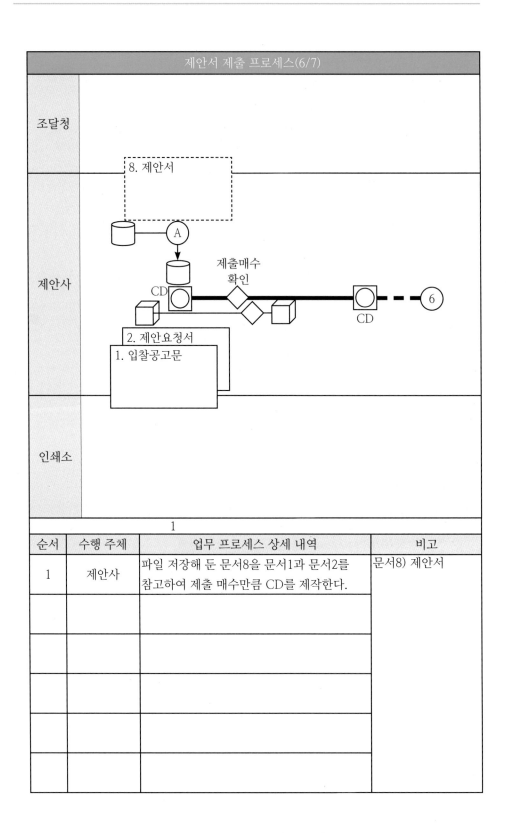

순서	수행 주체	업무 프로세스 상세 내역	비고
1	제안사	파일 저장해 둔 문서8을 문서1과 문서2를 참고하여 제출 매수만큼 CD를 제작한다.	문서8) 제안서

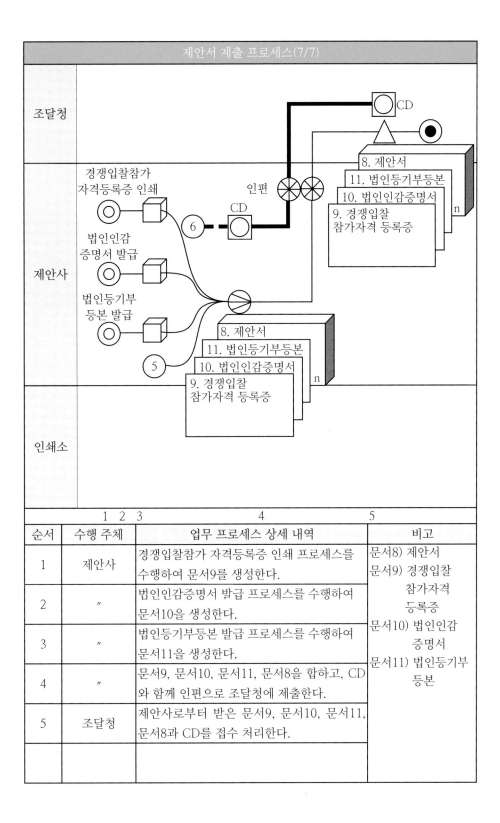

순서	수행 주체	업무 프로세스 상세 내역	비고
1	제안사	경쟁입찰참가 자격등록증 인쇄 프로세스를 수행하여 문서9를 생성한다.	문서8) 제안서 문서9) 경쟁입찰 참가자격 등록증 문서10) 법인인감 증명서 문서11) 법인등기부 등본
2	〃	법인인감증명서 발급 프로세스를 수행하여 문서10을 생성한다.	
3	〃	법인등기부등본 발급 프로세스를 수행하여 문서11을 생성한다.	
4	〃	문서9, 문서10, 문서11, 문서8을 합하고, CD와 함께 인편으로 조달청에 제출한다.	
5	조달청	제안사로부터 받은 문서9, 문서10, 문서11, 문서8과 CD를 접수 처리한다.	

비즈니스 융합도(BCD) 실무

03

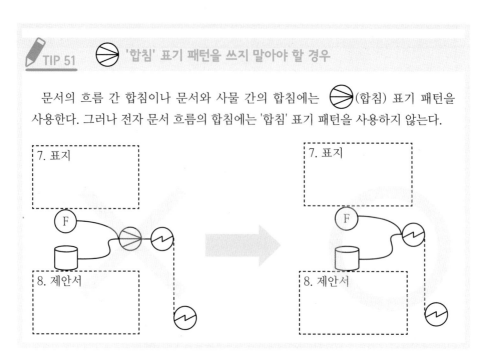

TIP 51　　'합침' 표기 패턴을 쓰지 말아야 할 경우

문서의 흐름 간 합침이나 문서와 사물 간의 합침에는 ⊖ (합침) 표기 패턴을 사용한다. 그러나 전자 문서 흐름의 합침에는 '합침' 표기 패턴을 사용하지 않는다.

제안서를 제출하는 프로세스에는 다음과 같이 5개의 하청 프로세스가 있다.
1. 제안서 작성 프로세스 – 사례 20 참조
2. 가격 전자 입찰 프로세스 – 사례 21 참조
3. 경쟁입찰참가자격등록증 출력 프로세스 – 사례 22 참조
4. 법인인감증명서 발급 프로세스 – 사례 23 참조
5. 법인등기부등본 발급 프로세스 – 사례 24 참조

[사례 20] 제안서 작성 프로세스

비즈니스 융합 프로세스 작성 대상

1. 제안서를 작성하는 프로세스

가정 및 필요 사항

1. 나라장터 홈페이지에서 공고문과 제안요청서를 다운받아 참고하는 것을 전제로 한다.
2. 제안요청서를 참조하면서 제안서를 작성하는 것을 전제로 한다.

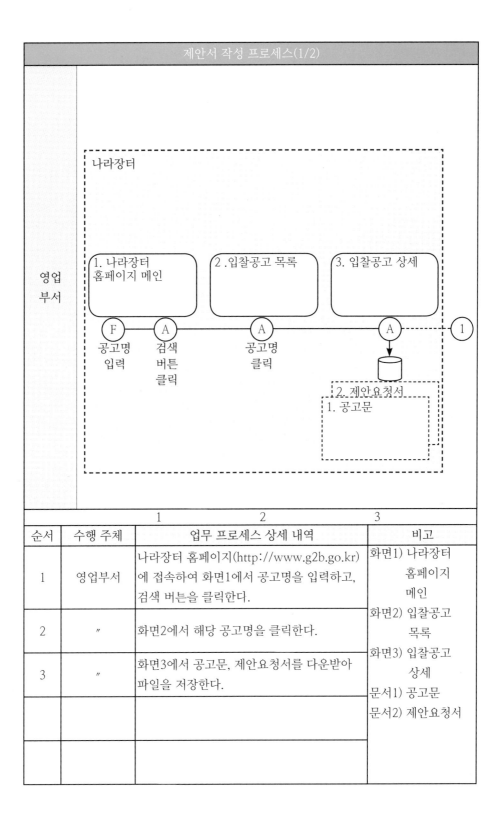

순서	수행 주체	업무 프로세스 상세 내역	비고
1	영업부서	나라장터 홈페이지(http://www.g2b.go.kr)에 접속하여 화면1에서 공고명을 입력하고, 검색 버튼을 클릭한다.	화면1) 나라장터 홈페이지 메인
2	〃	화면2에서 해당 공고명을 클릭한다.	화면2) 입찰공고 목록
3	〃	화면3에서 공고문, 제안요청서를 다운받아 파일을 저장한다.	화면3) 입찰공고 상세 문서1) 공고문 문서2) 제안요청서

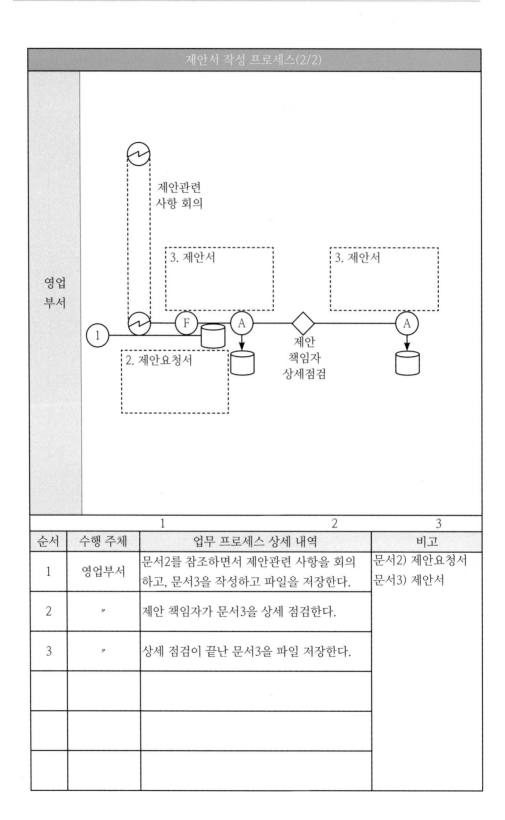

순서	수행 주체	업무 프로세스 상세 내역	비고
1	영업부서	문서2를 참조하면서 제안관련 사항을 회의하고, 문서3을 작성하고 파일을 저장한다.	문서2) 제안요청서 문서3) 제안서
2	〃	제안 책임자가 문서3을 상세 점검한다.	
3	〃	상세 점검이 끝난 문서3을 파일 저장한다.	

TIP 52 '나눔' 표기 패턴을 쓰지 말아야 할 경우

문서 흐름 간의 나눔이나 문서와 사물의 나눔에는 (나눔) 표기 패턴을 사용한다. 그러나 전자 문서 흐름의 나눔에는 '나눔' 표기 패턴을 사용하지 않는다.

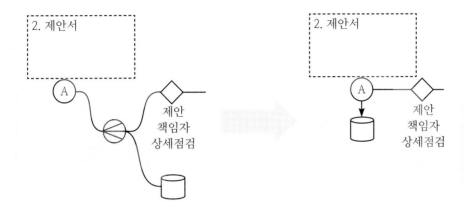

[사례 21] 가격 전자 입찰 프로세스

비즈니스 융합 프로세스 작성 대상

1. 사업 입찰 시 나라장터 사이트에서 가격을 입찰하는 프로세스

가정 및 필요 사항

1. 나라 장터 사이트(www.g2b.go.kr)에 업체 회원 가입이 되어 있고, 공인인증서 등록, 사용자 지문 등록을 마친 상태임을 전제로 한다.
2. 가격 전자 입찰을 위한 나라장터 안전 입찰 서비스를 PC에 설치한 것을 전제로 한다.
3. 나라장터 안전입찰 서비스를 이용할 때 지문 인식기를 이용하여 지문 인식을 행하는 것을 전제로 한다.
4. 지문 인식을 행할 때는 지문 인식기의 삽입, 제거 작업을 동반함을 전제로 한다.

비즈니스 융합도(BCD) 실무

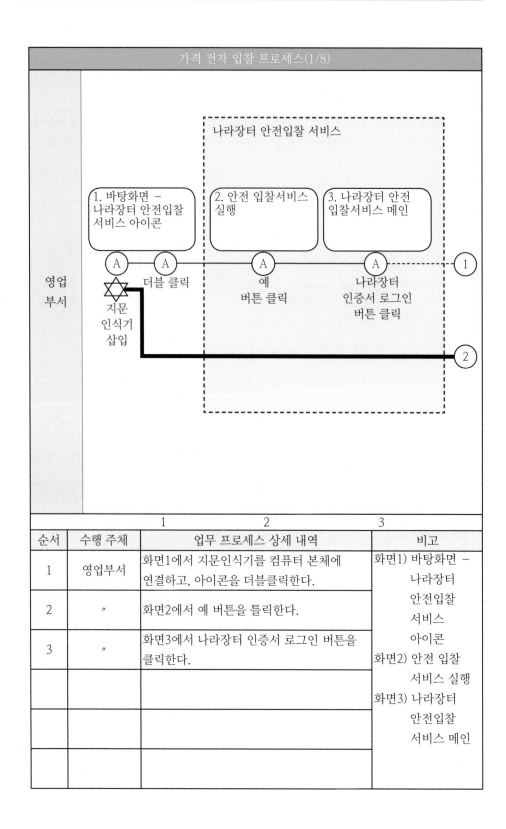

순서	수행 주체	업무 프로세스 상세 내역	비고
1	영업부서	화면1에서 지문인식기를 컴퓨터 본체에 연결하고, 아이콘을 더블클릭한다.	화면1) 바탕화면 – 나라장터 안전입찰 서비스 아이콘
2	〃	화면2에서 예 버튼을 틀릭한다.	화면2) 안전 입찰 서비스 실행
3	〃	화면3에서 나라장터 인증서 로그인 버튼을 클릭한다.	화면3) 나라장터 안전입찰 서비스 메인

03

비즈니스 융합도(BCD) 실무

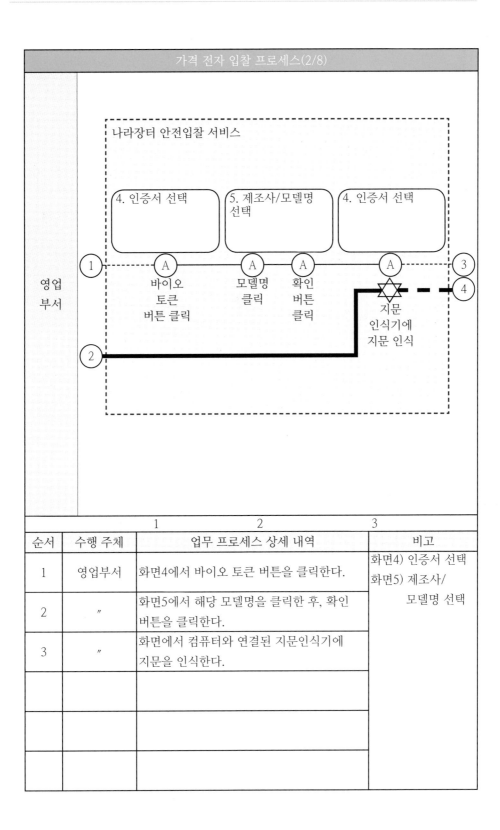

순서	수행 주체	업무 프로세스 상세 내역	비고
1	영업부서	화면4에서 바이오 토큰 버튼을 클릭한다.	화면4) 인증서 선택 화면5) 제조사/ 　　　모델명 선택
2	〃	화면5에서 해당 모델명을 클릭한 후, 확인 버튼을 클릭한다.	
3	〃	화면에서 컴퓨터와 연결된 지문인식기에 지문을 인식한다.	

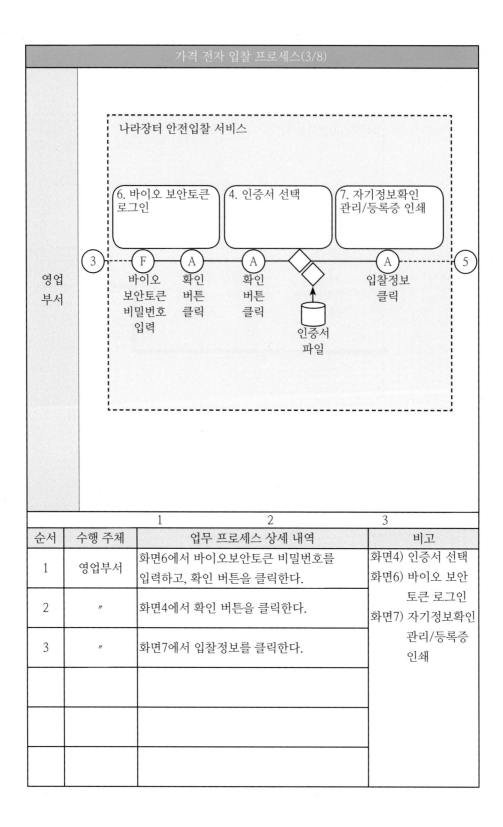

순서	수행 주체	업무 프로세스 상세 내역	비고
1	영업부서	화면6에서 바이오보안토큰 비밀번호를 입력하고, 확인 버튼을 클릭한다.	화면4) 인증서 선택 화면6) 바이오 보안
2	〃	화면4에서 확인 버튼을 클릭한다.	토큰 로그인 화면7) 자기정보확인
3	〃	화면7에서 입찰정보를 클릭한다.	관리/등록증 인쇄

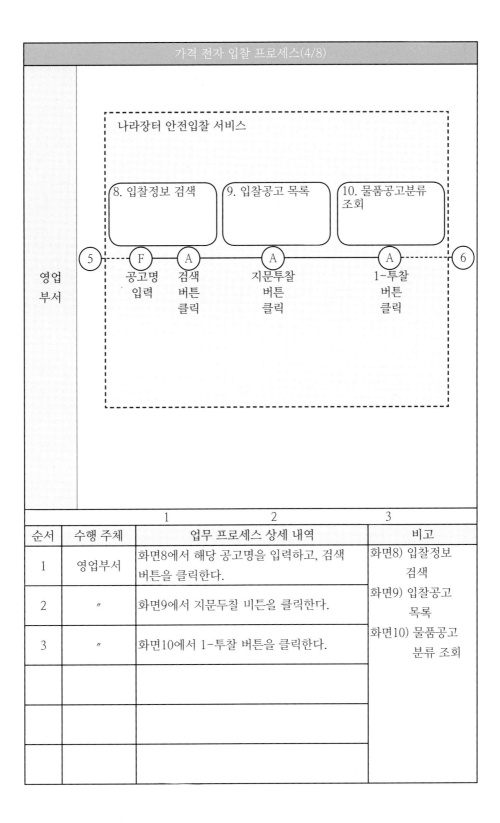

순서	수행 주체	업무 프로세스 상세 내역	비고
1	영업부서	화면8에서 해당 공고명을 입력하고, 검색 버튼을 클릭한다.	화면8) 입찰정보 검색
2	〃	화면9에서 지문두칠 미튼을 클릭한다.	화면9) 입찰공고 목록
3	〃	화면10에서 1-투찰 버튼을 클릭한다.	화면10) 물품공고 분류 조회

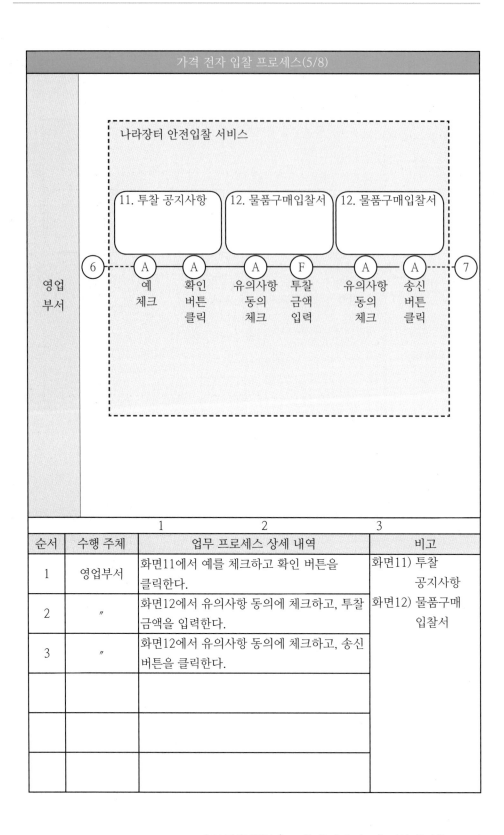

순서	수행 주체	업무 프로세스 상세 내역	비고
1	영업부서	화면11에서 예를 체크하고 확인 버튼을 클릭한다.	화면11) 투찰 공지사항
2	〃	화면12에서 유의사항 동의에 체크하고, 투찰 금액을 입력한다.	화면12) 물품구매 입찰서
3	〃	화면12에서 유의사항 동의에 체크하고, 송신 버튼을 클릭한다.	

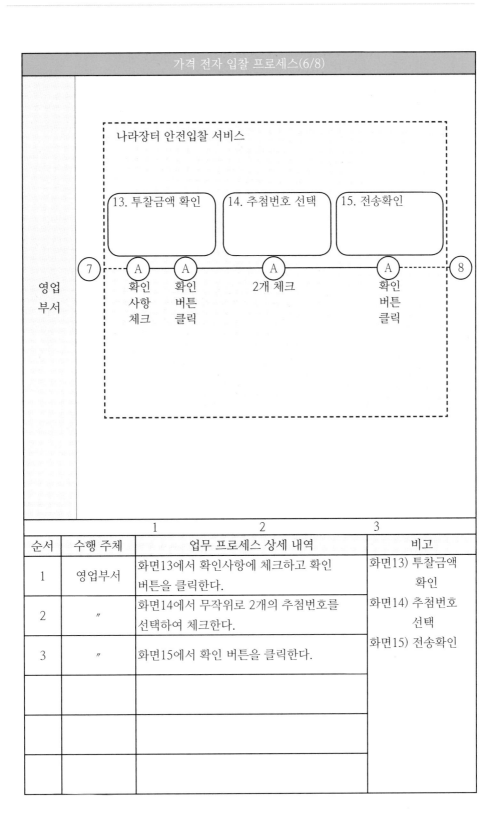

순서	수행 주체	업무 프로세스 상세 내역	비고
1	영업부서	화면13에서 확인사항에 체크하고 확인 버튼을 클릭한다.	화면13) 투찰금액 확인
2	〃	화면14에서 무작위로 2개의 추첨번호를 선택하여 체크한다.	화면14) 추첨번호 선택
3	〃	화면15에서 확인 버튼을 클릭한다.	화면15) 전송확인

03

비즈니스 융합도(BCD) 실무

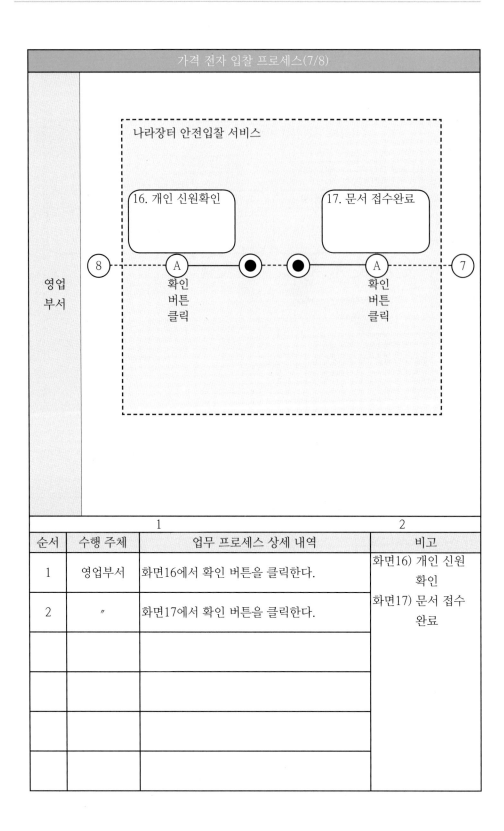

순서	수행 주체	업무 프로세스 상세 내역	비고
1	영업부서	화면16에서 확인 버튼을 클릭한다.	화면16) 개인 신원 확인 화면17) 문서 접수 완료
2	〃	화면17에서 확인 버튼을 클릭한다.	

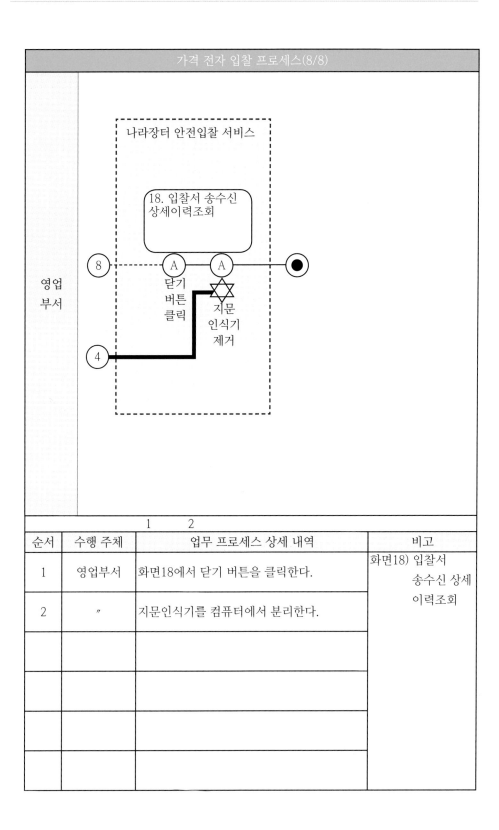

순서	수행 주체	업무 프로세스 상세 내역	비고
1	영업부서	화면18에서 닫기 버튼을 클릭한다.	화면18) 입찰서 송수신 상세 이력조회
2	〃	지문인식기를 컴퓨터에서 분리한다.	

TIP 53   전자 화면과 사물 간의 (합침) ⊖(나눔) 표기 패턴 사용

전자 화면을 가진 컴퓨터와 사물간의 합침, 나눔에는 '합침', '나눔' 표기 패턴을 사용하지 않는다. 이 경우에는 사물을 활동에 붙여준 뒤, 해당 활동을 기술하는 형태로 표기한다.

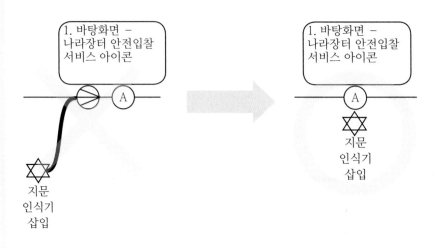

03

[사례 22] 경쟁입찰 참가자격 등록증 출력 프로세스

비즈니스 융합 프로세스 작성 대상

1. 나라장터 사이트에서 경쟁입찰 참가자격 등록증을 출력하는 프로세스

가정 및 필요 사항

1. 나라 장터 사이트(www.g2b.go.kr)에 업체 회원 가입이 되어 있고, 공인인증서 등록을 마친 상태임을 전제로 한다.
2. 경쟁입찰 참가자격 등록증 인쇄를 위해서는 인증서 로그인을 수행해야 함을 전제로 한다.

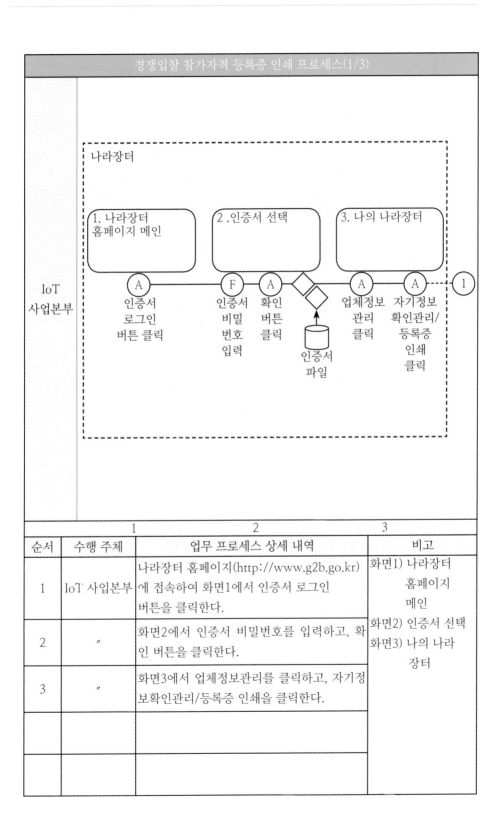

경쟁입찰 참가자격 등록증 인쇄 프로세스(1/3)			
	1	2	3
순서	수행 주체	업무 프로세스 상세 내역	비고
1	IoT 사업본부	나라장터 홈페이지(http://www.g2b.go.kr)에 접속하여 화면1에서 인증서 로그인 버튼을 클릭한다.	화면1) 나라장터 홈페이지 메인
2	〃	화면2에서 인증서 비밀번호를 입력하고, 확인 버튼을 클릭한다.	화면2) 인증서 선택
3	〃	화면3에서 업체정보관리를 클릭하고, 자기정보확인관리/등록증 인쇄을 클릭한다.	화면3) 나의 나라장터

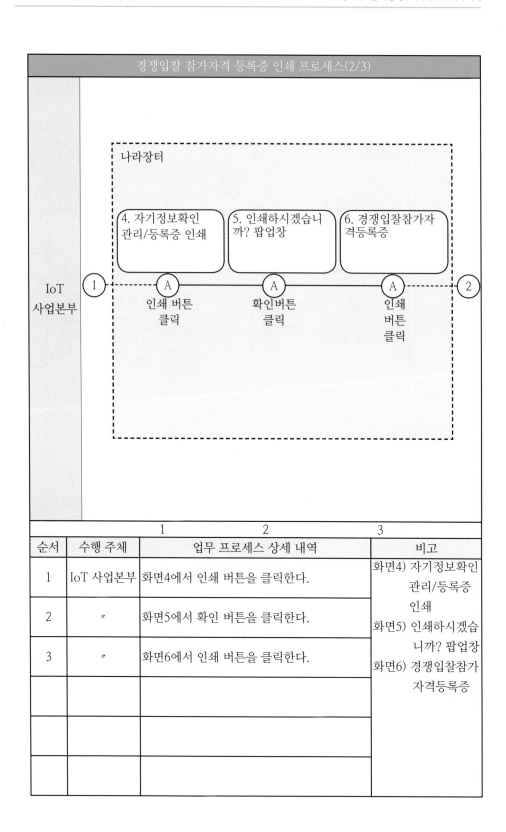

순서	수행 주체	업무 프로세스 상세 내역	비고
1	IoT 사업본부	화면4에서 인쇄 버튼을 클릭한다.	화면4) 자기정보확인 관리/등록증 인쇄 화면5) 인쇄하시겠습 니까? 팝업창 화면6) 경쟁입찰참가 자격등록증
2	〃	화면5에서 확인 버튼을 클릭한다.	
3	〃	화면6에서 인쇄 버튼을 클릭한다.	

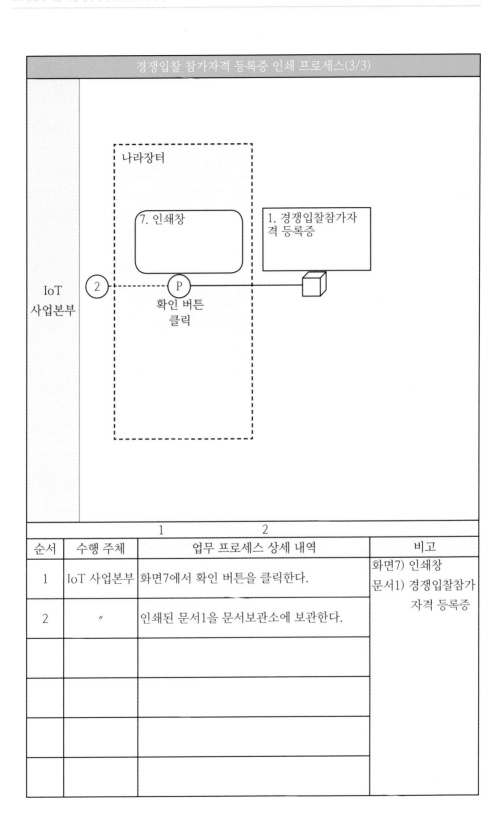

순서	수행 주체	업무 프로세스 상세 내역	비고
		1　　　　　2	
1	IoT 사업본부	화면7에서 확인 버튼을 클릭한다.	화면7) 인쇄창 문서1) 경쟁입찰참가 자격 등록증
2	〃	인쇄된 문서1을 문서보관소에 보관한다.	

03

비즈니스 융합도(BCD) 실무

✏️ **TIP 54**   화면 데이터와 파일 데이터의 비교 검증 표현

전자 화면 상에서 입력한 인증서 비밀 번호와 인증서 파일이나 데이터베이스 데이터와의 비교 검증과 같은 검증 표현에는 ◇ (검증) 표기 패턴을 사용한다. 여기서 주의할 점은 '검증' 표기 패턴의 경우 일반적인 순서도에서처럼 판단을 통한 분기를 유발하거나, 흐름이 합쳐지는 표기 패턴이 아니라는 점이다. BDC에서의 '검증' 표기 패턴은 내용을 검증하는 의미를 가진 표기 패턴이라는 점을 명심해야 한다.

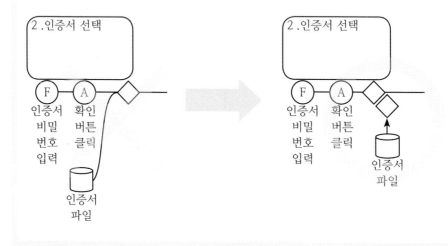

[사례 23] 법인인감증명서 발급 프로세스

비즈니스 융합 프로세스 작성 대상

1. 지방법원 통합무인 발급기에서 법인인감증명서를 발급하는 프로세스

가정 및 필요 사항

1. 법인인감증명서 발급을 지방법원 통합무인 발급기를 이용하여 마그네틱 인감카드로 발급하는 것을 전제로 한다.
2. 수수료 결제는 현금으로 하는 것을 전제로 한다.

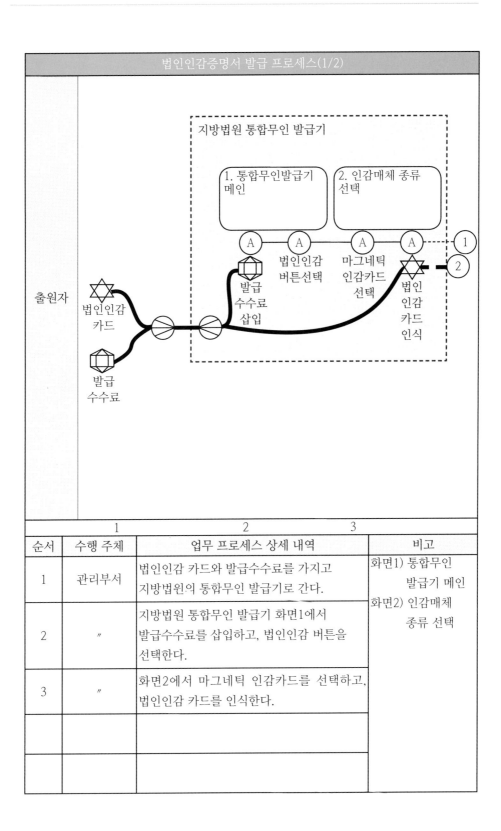

순서	수행 주체	업무 프로세스 상세 내역	비고
1	관리부서	법인인감 카드와 발급수수료를 가지고 지방법원의 통합무인 발급기로 간다.	화면1) 통합무인 발급기 메인 화면2) 인감매체 종류 선택
2	〃	지방법원 통합무인 발급기 화면1에서 발급수수료를 삽입하고, 법인인감 버튼을 선택한다.	
3	〃	화면2에서 마그네틱 인감카드를 선택하고, 법인인감 카드를 인식한다.	

비즈니스 융합도(BCD) 실무

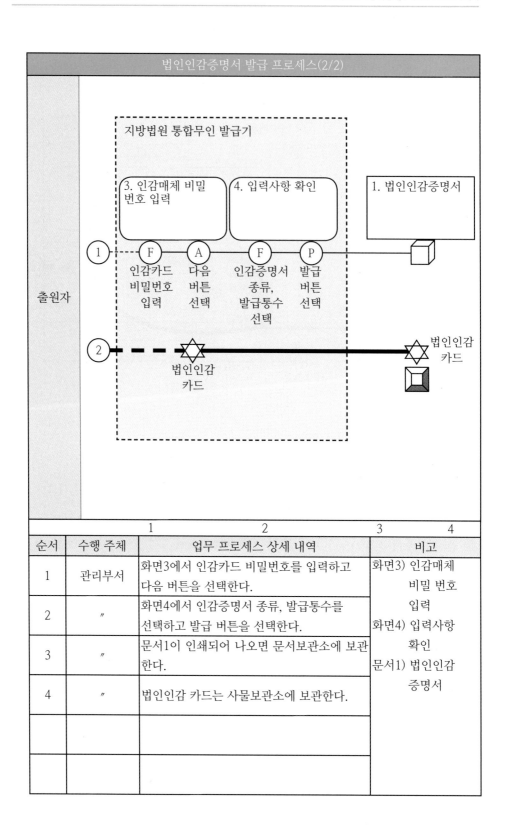

순서	수행 주체	업무 프로세스 상세 내역	비고
1	관리부서	화면3에서 인감카드 비밀번호를 입력하고 다음 버튼을 선택한다.	화면3) 인감매체 비밀 번호 입력
2	〃	화면4에서 인감증명서 종류, 발급통수를 선택하고 발급 버튼을 선택한다.	화면4) 입력사항 확인
3	〃	문서1이 인쇄되어 나오면 문서보관소에 보관한다.	문서1) 법인인감 증명서
4	〃	법인인감 카드는 사물보관소에 보관한다.	

TIP 55 사물과 사물 간의 ⊕(합침), ⊖(나눔) 표기 패턴 사용

법인인감 카드와 발급 수수료를 함께 가지고 가서, 사용할 때는 나눠서 사용하는 경우와 같이 사물과 사물의 합침과 나눔을 표현할 경우에 '합침', '나눔' 표기 패턴을 사용한다.

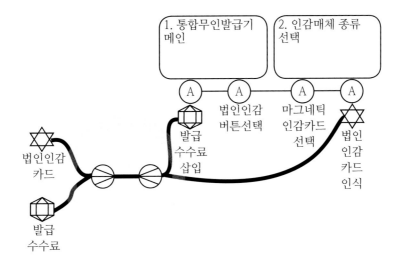

[사례 24] 법인등기부등본 발급 프로세스

비즈니스 융합 프로세스 작성 대상

1. 대법원 인터넷 등기소 사이트에서 법인등기부등본을 발급하는 프로세스

가정 및 필요 사항

1. 대법원 인터넷등기소 홈페이지(http://www.iros.go.kr)에 업체 회원 가입이 된 것을 전제로 한다.
2. 법인등기부등본 발급 수수료는 신용카드로 결제하는 것을 전제로 한다.

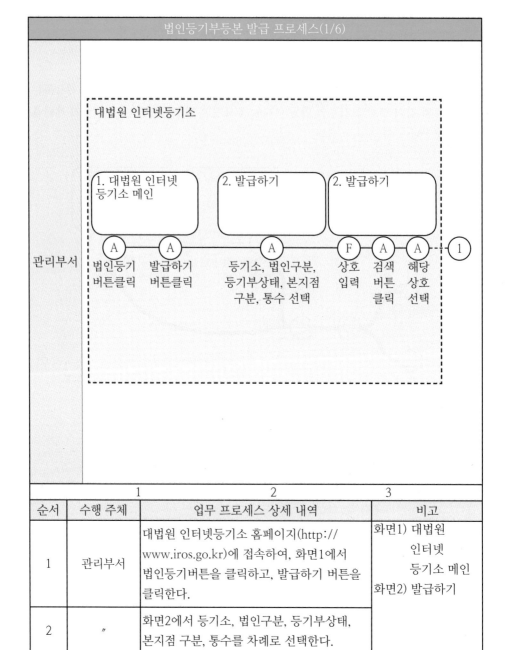

법인등기부등본 발급 프로세스(1/6)

순서	수행 주체	업무 프로세스 상세 내역	비고
1	관리부서	대법원 인터넷등기소 홈페이지(http://www.iros.go.kr)에 접속하여, 화면1에서 법인등기버튼을 클릭하고, 발급하기 버튼을 클릭한다.	화면1) 대법원 인터넷 등기소 메인 화면2) 발급하기
2	〃	화면2에서 등기소, 법인구분, 등기부상태, 본지점 구분, 통수를 차례로 선택한다.	
3	〃	화면2에서 상호를 입력 한 후, 검색 버튼을 클릭하여 검색된 상호들 중 해당 상호를 선택한다.	

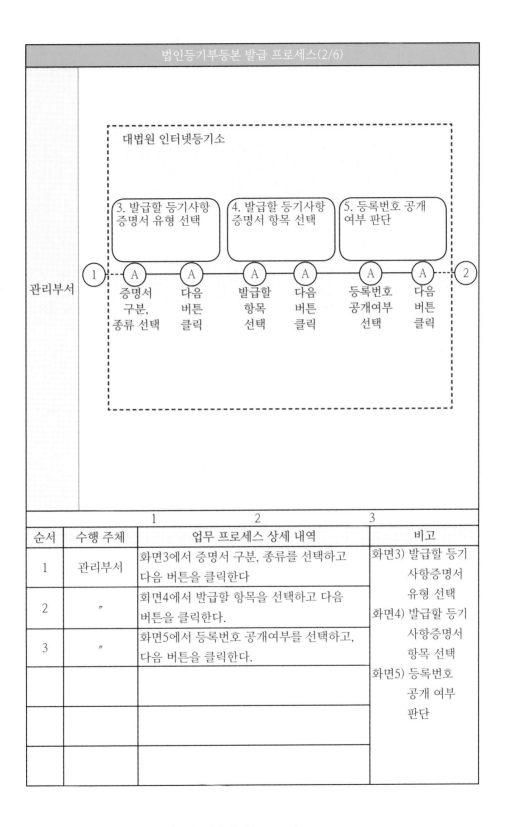

법인등기부등본 발급 프로세스(2/6)

대법원 인터넷등기소

3. 발급할 등기사항 증명서 유형 선택

4. 발급할 등기사항 증명서 항목 선택

5. 등록번호 공개 여부 판단

관리부서

① — Ⓐ 증명서 구분, 종류 선택 — Ⓐ 다음 버튼 클릭 — Ⓐ 발급할 항목 선택 — Ⓐ 다음 버튼 클릭 — Ⓐ 등록번호 공개여부 선택 — Ⓐ 다음 버튼 클릭 — ②

		1	2	3	
순서	수행 주체	업무 프로세스 상세 내역			비고
1	관리부서	화면3에서 증명서 구분, 종류를 선택하고 다음 버튼을 클릭한다			화면3) 발급할 등기 사항증명서 유형 선택
2	〃	회면4에서 발급할 항목을 선택하고 다음 버튼을 클릭한다.			화면4) 발급할 등기 사항증명서 항목 선택
3	〃	화면5에서 등록번호 공개여부를 선택하고, 다음 버튼을 클릭한다.			화면5) 등록번호 공개 여부 판단

03

비즈니스 융합도(BCD) 실무

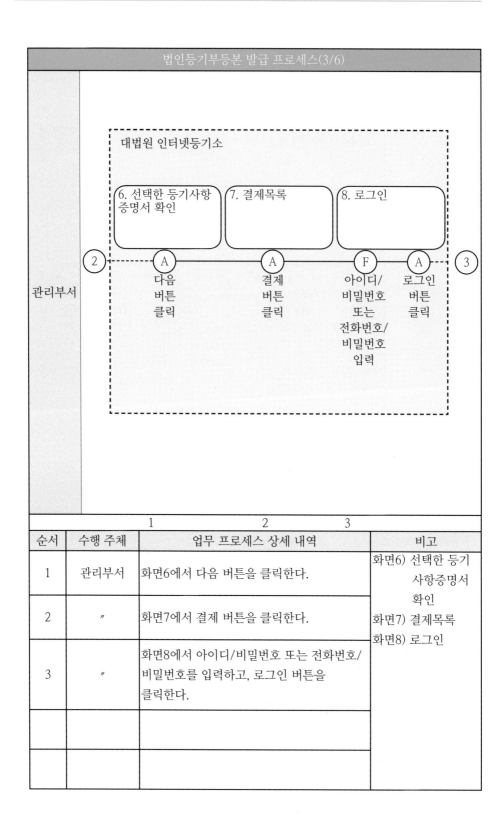

순서	수행 주체	업무 프로세스 상세 내역	비고
1	관리부서	화면6에서 다음 버튼을 클릭한다.	화면6) 선택한 등기 사항증명서 확인 화면7) 결제목록 화면8) 로그인
2	〃	화면7에서 결제 버튼을 클릭한다.	
3	〃	화면8에서 아이디/비밀번호 또는 전화번호/비밀번호를 입력하고, 로그인 버튼을 클릭한다.	

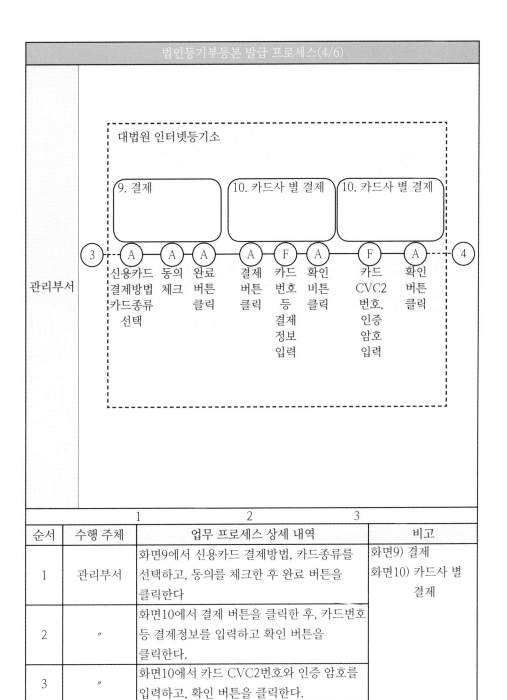

순서	수행 주체	업무 프로세스 상세 내역	비고
		1 2 3	
1	관리부서	화면9에서 신용카드 결제방법, 카드종류를 선택하고, 동의를 체크한 후 완료 버튼을 클릭한다	화면9) 결제 화면10) 카드사 별 결제
2	〃	화면10에서 결제 버튼을 클릭한 후, 카드번호 등 결제정보를 입력하고 확인 버튼을 클릭한다.	
3	〃	화면10에서 카드 CVC2번호와 인증 암호를 입력하고, 확인 버튼을 클릭한다.	

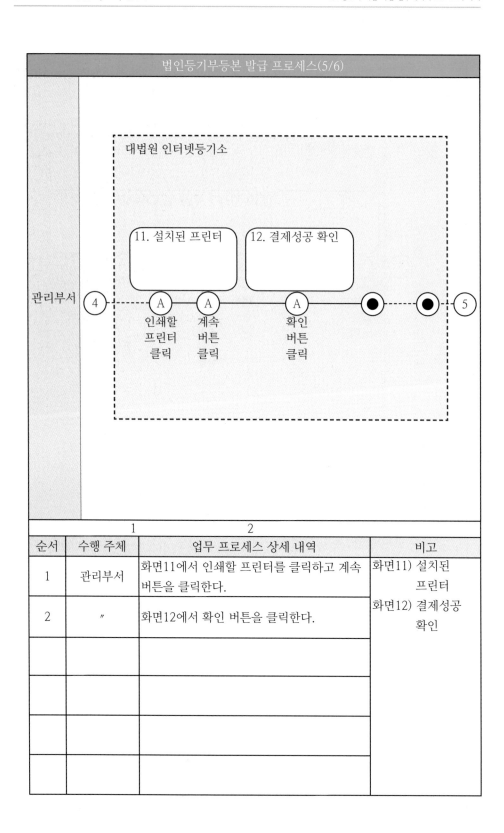

순서	수행 주체	업무 프로세스 상세 내역	비고
1	관리부서	화면11에서 인쇄할 프린터를 클릭하고 계속 버튼을 클릭한다.	화면11) 설치된 프린터
2	〃	화면12에서 확인 버튼을 클릭한다.	화면12) 결제성공 확인

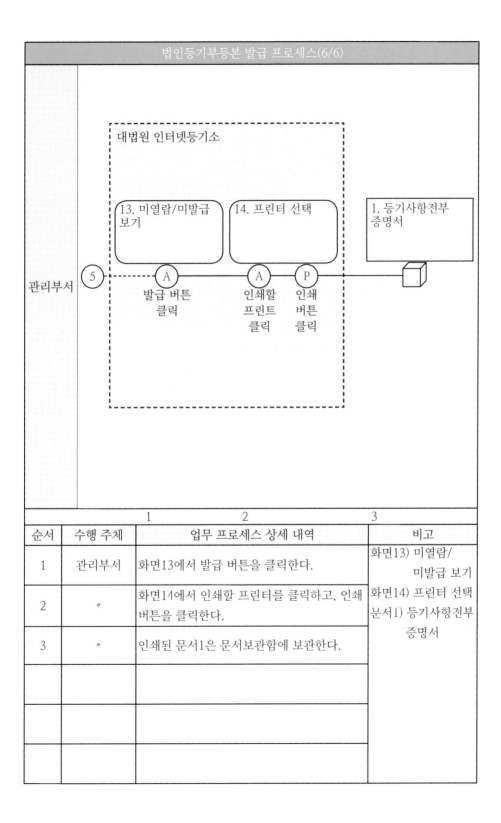

순서	수행 주체	업무 프로세스 상세 내역	비고
		1　　　　　　2　　　　　　3	
1	관리부서	화면13에서 발급 버튼을 클릭한다.	화면13) 미열람/ 　　　미발급 보기
2	〃	화면14에서 인쇄할 프린터를 클릭하고, 인쇄 버튼을 클릭한다.	화면14) 프린터 선택 분서1) 등기사항전부
3	〃	인쇄된 문서1은 문서보관함에 보관한다.	증명서

3.4 대규모 비즈니스 융합 실무에서의 BCD 표기 사례

비즈니스의 규모가 커지고 복잡해지면서 비즈니스 융합 프로세스(BCP: Business Convergence Process)의 표현도 복잡해졌다. 대규모 비즈니스를 표현하는 실무 몇 가지를 사례로 들어 BCD 표기 방법에 대해 자세히 알아보겠다.

본서에서 제시하는 사례는 정보화 사업을 발주하는 프로세스이다.

이 프로세스는 사례 25에서 다뤄지며, 용역 입찰 공고(사례 26), 제안서 접수(사례 27), 제안서 평가(사례 28), 협상적격자 선정 및 협상(사례 29), 계약 체결(사례 30)의 5개의 하청 프로세스를 포함하고 있다.

[사례 25] 정보화 사업 발주 프로세스

　　　# 5개의 하청 프로세스로만 구성　# 프로세스의 추상화

[사례 26] 용역 입찰 공고 프로세스

　　　# 전자 화면에서 전자 문서 업로드

[사례 27] 제안서 접수 프로세스

　　　# 다중 검증

[사례 28] 제안서 평가 프로세스

　　　# 전자 화면 중심　# 공인인증서 로그인

[사례 29] 협상적격자 선정 및 협상 프로세스

　　　# 여러 수신자에게 이메일　# 문서의 스캔

[사례 30] 계약 체결 프로세스

　　　# 전자 화면 중심　# 전자 서명　# 전자 화면에서 전자 문서 업로드

　　　# 전자 화면에서 전송

TIP 56　　대규모 비즈니스 융합 프로세스 표기 시의 유의사항

비즈니스 융합도(BCD: Business Convergence Diagram)에서 대규모 비즈니스 프로세스를 표현하는 방법은 ◎(하청) 표기 패턴을 이용해 프로세스의 추상화 수준을 높여주는 방식이다.

전체 프로세스 길이가 길고 여러 프로세스가 복잡하게 얽혀있는 경우, 처음부터 상세하게 하나의 프로세스로 BCD를 표기하면 전체적인 프로세스의 흐름을 파악하기 어렵고 부분적으로 필요한 업무를 찾아 이해하기 어려워진다.

이런 경우에는 프로세스를 계층화시켜 상위 계층에서는 전체적인 흐름을 파악할 수 있도록 하고, 하위 계층에서 프로세스를 상세하게 표현한다. 이렇게 프로세스를 계층화시키면 업무의 파악이 용이해 지고, BCD를 더 쉽게 작성할 수 있다.

[사례 25] 정보화 사업 발주 프로세스

비즈니스 융합 프로세스 작성 대상

1. 정보화 사업의 용역 입찰부터 계약완료까지 전체적인 프로세스

가정 및 필요 사항

1. 정보화 사업의 타당성, 예산 확보는 사전에 완료된 것을 전제로 한다.
2. 정보화 사업 발주 업무 중 입찰과 계약관련 업무의 수행 주체는 계약 관리 부서임을 전제로 한다.
3. 정보화 사업의 과업 내용 작성, 기술 협상은 사업 주관부서인 정보화 사업 부서의 지원을 받음을 전제로 한다.
4. 공개경쟁 입찰방식과 협상에 의한 계약방식으로 업체를 선정하는 것을 전제로 한다.
5. 입찰공고, 가격입찰은 전자조달시스템을 이용하고, 제안서 접수는 직접 접수하는 것을 전제로 한다.

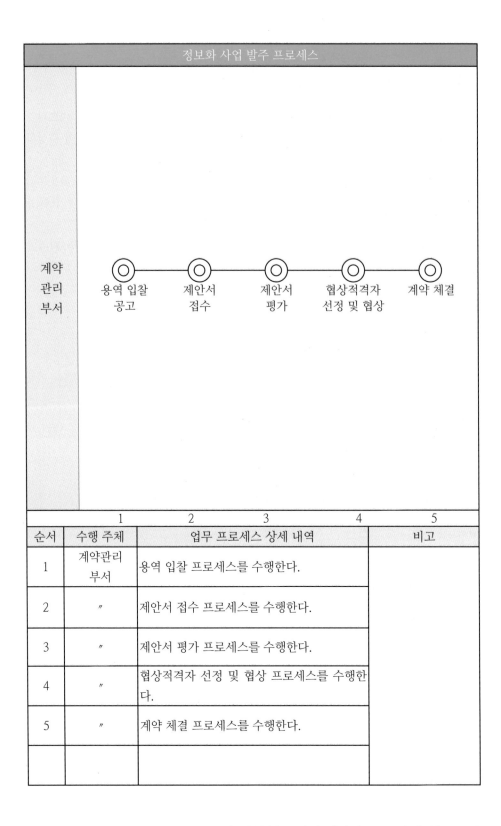

순서	수행 주체	업무 프로세스 상세 내역	비고
1	계약관리 부서	용역 입찰 프로세스를 수행한다.	
2	〃	제안서 접수 프로세스를 수행한다.	
3	〃	제안서 평가 프로세스를 수행한다.	
4	〃	협상적격자 선정 및 협상 프로세스를 수행한다.	
5	〃	계약 체결 프로세스를 수행한다.	

정보화 사업의 용역 입찰부터 계약 체결까지의 사업 발주의 전 과정에 대한 프로세스는 5개의 하청 프로세스로만 이루어져 있다.

계약 관리 부서를 수행 주체로 하는 '정보화 사업 발주'라는 커다란 비즈니스 프로세스 안에 세부적인 5개의 비즈니스 프로세스를 하청 프로세스로 하여 계층화하고 있다.

정보화 사업 발주 프로세스에는 다음과 같이 5개의 하청 프로세스가 있다.

1. 용역 입찰 공고 프로세스 – 사례 26 참조
2. 제안서 접수 프로세스 – 사례 27 참조
3. 제안서 평가 프로세스 – 사례 28 참조
4. 협상적격자 선정 및 협상 – 사례 29 참조
5. 계약 체결 프로세스 – 사례 30 참조

사례 25와 같이 BCD를 표현하면 정보화 사업 발주의 전체적인 프로세스 흐름 파악에 쉽다.

'정보화 사업 발주'라는 업무를 대상으로 정보화 사업 부서를 수행 주체로 BCD를 작성할 수 있다. 또한 발주처 기관 전체로 추상화 수준을 높여서 BCD를 작성하는 것도 가능하다.

[사례 26] 용역 입찰 공고 프로세스

비즈니스 융합 프로세스 작성 대상

1. 전자조달시스템을 이용해 용역 입찰 공고를 하는 프로세스

가정 및 필요 사항

1. 입찰에 필요한 제안요청서 작성은 성보화 사업 부서의 지원을 받는 것을 전제로 한다.
2. 입찰공고문은 계약 관리 부서에서 작성하는 것을 전제로 한다.
3. 입찰 공고는 발주처의 전자조달시스템을 이용하는 것을 전제로 한다.
4. 전자조달시스템 로그인은 아이디와 비밀번호만으로 하는 것을 전제로 한다.
5. 정보화 사업 부서와 계약 관리 부서 간에는 이메일을 통해서 제안요청서를 전달하는 것을 전제로 한다.

03

비즈니스 융합도(BCD) 실무

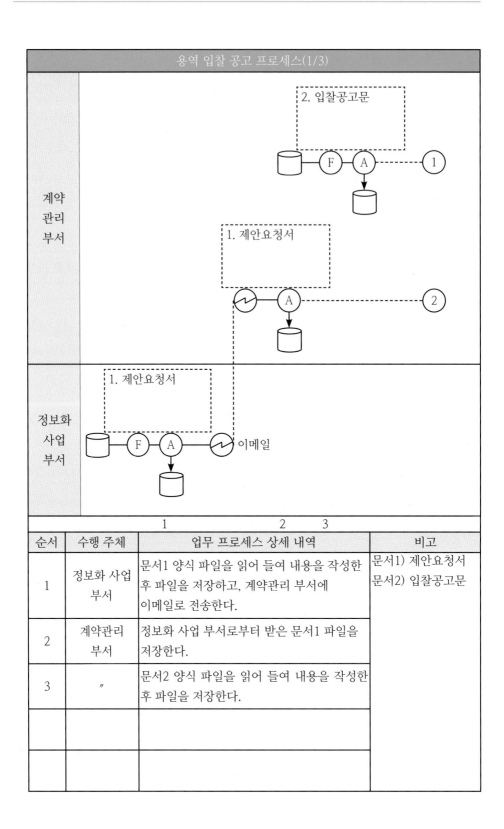

순서	수행 주체	업무 프로세스 상세 내역	비고
1	정보화 사업 부서	문서1 양식 파일을 읽어 들여 내용을 작성한 후 파일을 저장하고, 계약관리 부서에 이메일로 전송한다.	문서1) 제안요청서 문서2) 입찰공고문
2	계약관리 부서	정보화 사업 부서로부터 받은 문서1 파일을 저장한다.	
3	〃	문서2 양식 파일을 읽어 들여 내용을 작성한 후 파일을 저장한다.	

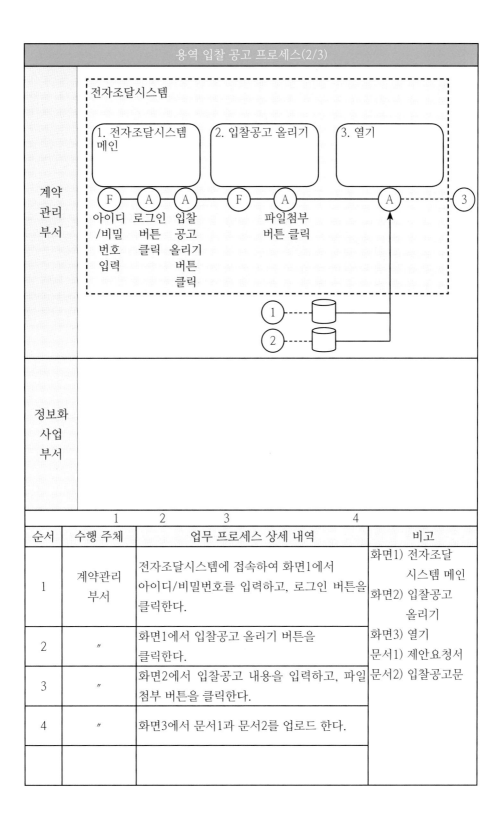

순서	수행 주체	업무 프로세스 상세 내역	비고
1	계약관리 부서	전자조달시스템에 접속하여 화면1에서 아이디/비밀번호를 입력하고, 로그인 버튼을 클릭한다.	화면1) 전자조달 　　　시스템 메인 화면2) 입찰공고 　　　올리기
2	〃	화면1에서 입찰공고 올리기 버튼을 클릭한다.	화면3) 열기 문서1) 제안요청서
3	〃	화면2에서 입찰공고 내용을 입력하고, 파일 첨부 버튼을 클릭한다.	문서2) 입찰공고문
4	〃	화면3에서 문서1과 문서2를 업로드 한다.	

용역 입찰 공고 프로세스(3/3)

순서	수행 주체	업무 프로세스 상세 내역	비고
1	계약관리 부서	화면2에서 저장 버튼을 클릭하고, 올리기 버튼을 클릭한다.	화면2) 입찰공고 올리기

TIP 57 　여러 개의 파일을 열 때의 표기 처리 사용 방법

BCD 상에서 다른 위치에 있는 전자 문서의 업로드, 열기 등의 경우 ⊖ (합침)
표기 패턴을 사용하지 않고 그냥 연결한다.

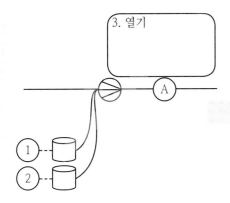
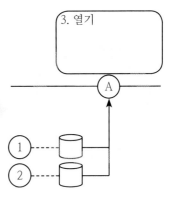

[사례 27] 제안서 접수 프로세스

비즈니스 융합 프로세스 작성 대상

1. 입찰 공고를 올린 정보화 사업의 제안서를 접수하는 프로세스

가정 및 필요 사항

1. 전자조달시스템에 가격 입찰을 완료한 업체만 제안서를 접수하는 것을 전제로
   한다.
2. 제안서 접수는 제안사가 인편으로 계약 관리 부서에 방문하여 접수하는 것을
   전제로 한다.

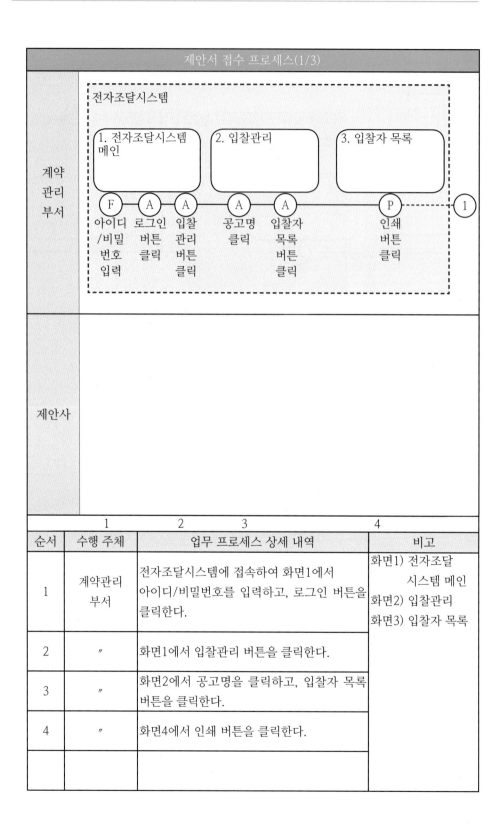

순서	수행 주체	업무 프로세스 상세 내역	비고
1	계약관리 부서	전자조달시스템에 접속하여 화면1에서 아이디/비밀번호를 입력하고, 로그인 버튼을 클릭한다.	화면1) 전자조달 시스템 메인 화면2) 입찰관리 화면3) 입찰자 목록
2	〃	화면1에서 입찰관리 버튼을 클릭한다.	
3	〃	화면2에서 공고명을 클릭하고, 입찰자 목록 버튼을 클릭한다.	
4	〃	화면4에서 인쇄 버튼을 클릭한다.	

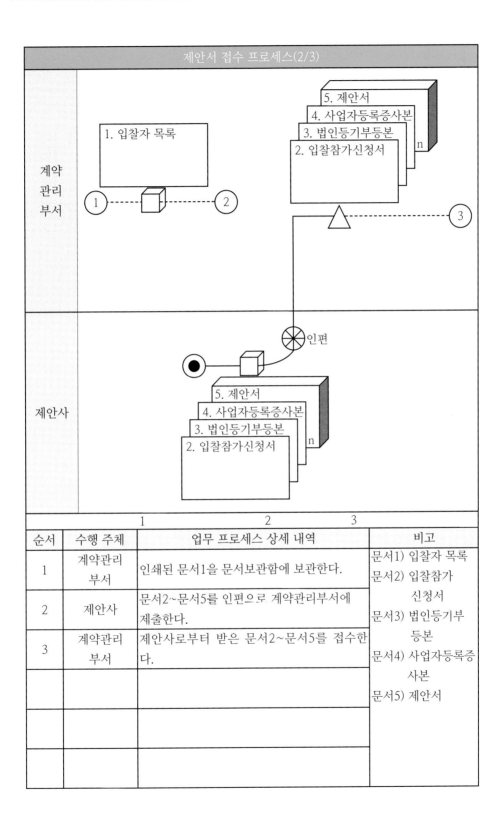

순서	수행 주체	업무 프로세스 상세 내역	비고
1	계약관리부서	인쇄된 문서1을 문서보관함에 보관한다.	문서1) 입찰자 목록
2	제안사	문서2~문서5를 인편으로 계약관리부서에 제출한다.	문서2) 입찰참가 신청서
3	계약관리부서	제안사로부터 받은 문서2~문서5를 접수한다.	문서3) 법인등기부 등본
			문서4) 사업자등록증 사본
			문서5) 제안서

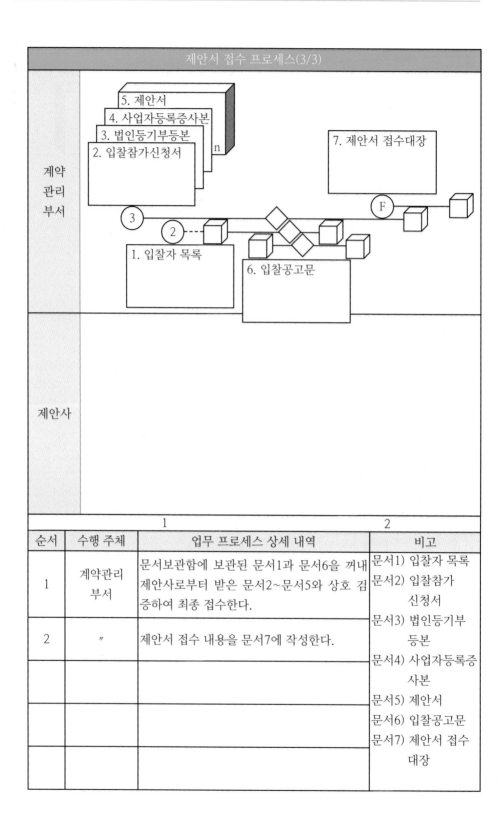

순서	수행 주체	업무 프로세스 상세 내역	비고
1	계약관리 부서	문서보관함에 보관된 문서1과 문서6을 꺼내 제안사로부터 받은 문서2~문서5와 상호 검증하여 최종 접수한다.	문서1) 입찰자 목록 문서2) 입찰참가 　　　신청서 문서3) 법인등기부 　　　등본 문서4) 사업자등록증 　　　사본 문서5) 제안서 문서6) 입찰공고문 문서7) 제안서 접수 　　　대장
2	〃	제안서 접수 내용을 문서7에 작성한다.	

03

비즈니스 융합도(BCD) 실무

TIP 58 다중 검증을 표현하는 방법

여러 문서를 가지고 다중으로 비교·검토하면서 내용을 검증해야 하는 경우의 표현은 ◇(검증) 표기 패턴을 대각선으로 인접하게 붙여 표현한다.

이 경우에는 상호 내용 검토에 대한 표현이 이루어져야 하므로 단순한 연결은 아무런 의미가 없다. 반드시 검증 기호를 대각선으로 인접하게 붙이고 해당 프로세스 선이 병렬로 평행하게 진행하면서 비교 검토가 이루어짐을 표시해야 한다.

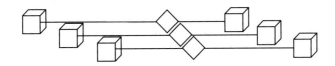

[사례 28] 제안서 평가 프로세스

비즈니스 융합 프로세스 작성 대상

1. 제안서의 기술 평가를 위한 평가위원 섭외에서부터 평가표 취합까지의 프로세스

가정 및 필요 사항

1. 제안서 기술 평가를 위한 평가위원 인력 POOL은 평가위원 DB에서 선정하는 것을 전제로 한다.
2. 평가위원 명단은 평가위원 DB에서 선정한 것을 출력하여 사용하는 것을 전제로 한다.
3. 평가위원에의 평가일정 안내 및 평가 참석 여부 확인은 전화를 사용하는 것을 전제로 한다.
4. 평가위원에 대한 제안서 및 제안서 기술 평가표는 계약 관리 부서에서 인편으로 제공하고 결과를 인편으로 받는 것을 전제로 한다.
5. 제안서 종합 평가표는 제안서 기술 평가표와 입찰가격 개찰 결과서의 점수를 종합 합산하여 기재하는 것을 전제로 한다.

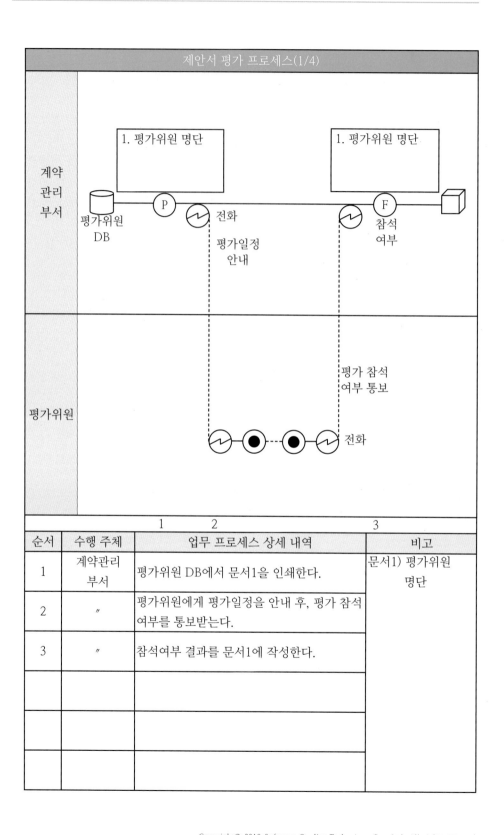

순서	수행 주체	업무 프로세스 상세 내역	비고
1	계약관리 부서	평가위원 DB에서 문서1을 인쇄한다.	문서1) 평가위원 명단
2	〃	평가위원에게 평가일정을 안내 후, 평가 참석 여부를 통보받는다.	
3	〃	참석여부 결과를 문서1에 작성한다.	

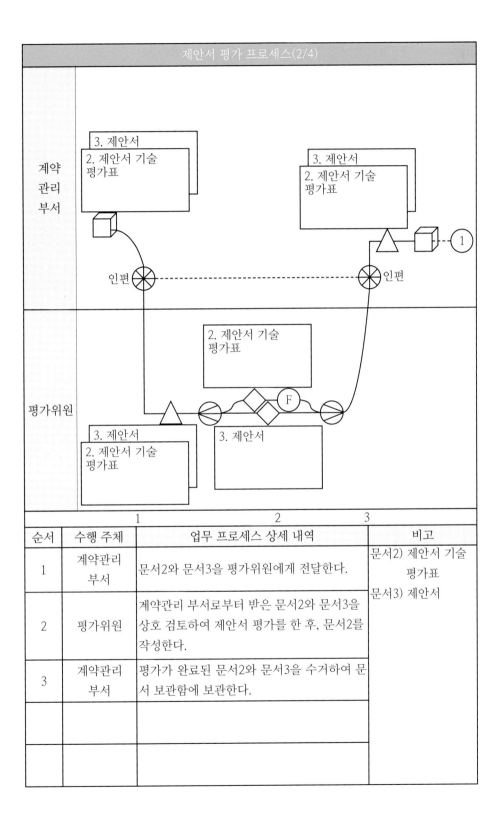

순서	수행 주체	업무 프로세스 상세 내역	비고
1	계약관리 부서	문서2와 문서3을 평가위원에게 전달한다.	문서2) 제안서 기술 평가표 문서3) 제안서
2	평가위원	계약관리 부서로부터 받은 문서2와 문서3을 상호 검토하여 제안서 평가를 한 후, 문서2를 작성한다.	
3	계약관리 부서	평가가 완료된 문서2와 문서3을 수거하여 문서 보관함에 보관한다.	

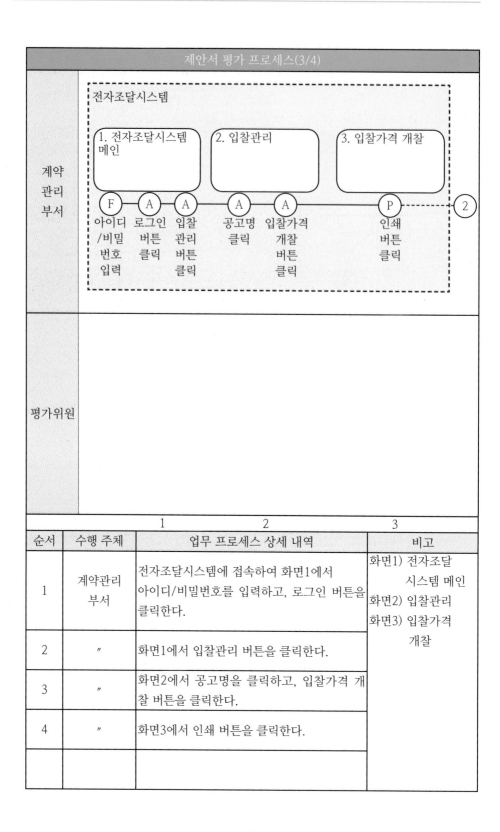

순서	수행 주체	업무 프로세스 상세 내역	비고
1	계약관리 부서	전자조달시스템에 접속하여 화면1에서 아이디/비밀번호를 입력하고, 로그인 버튼을 클릭한다.	화면1) 전자조달 시스템 메인 화면2) 입찰관리 화면3) 입찰가격 개찰
2	〃	화면1에서 입찰관리 버튼을 클릭한다.	
3	〃	화면2에서 공고명을 클릭하고, 입찰가격 개찰 버튼을 클릭한다.	
4	〃	화면3에서 인쇄 버튼을 클릭한다.	

03

비즈니스 융합도(BCD) 실무

242

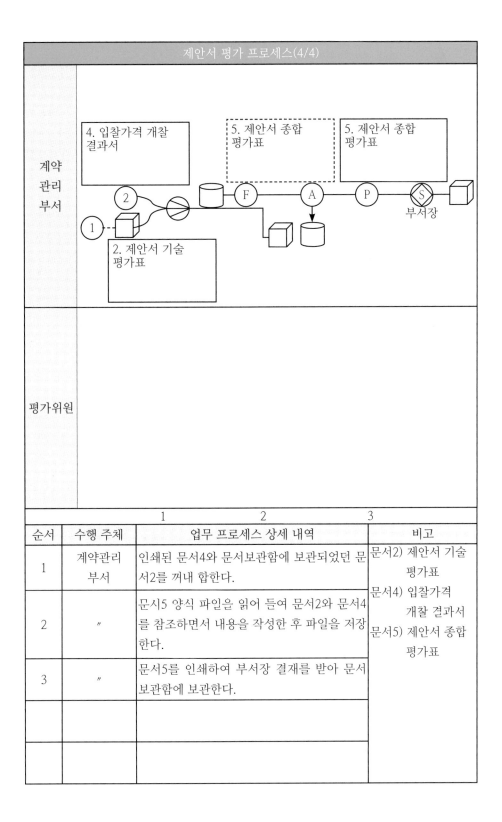

순서	수행 주체	업무 프로세스 상세 내역			비고
		1	2	3	
1	계약관리 부서	인쇄된 문서4와 문서보관함에 보관되었던 문서2를 꺼내 합한다.			문서2) 제안서 기술 　　　평가표 문서4) 입찰가격
2	〃	문시5 양식 파일을 읽어 들여 문서2와 문서4를 참조하면서 내용을 작성한 후 파일을 저장한다.			개찰 결과서 문서5) 제안서 종합 　　　평가표
3	〃	문서5를 인쇄하여 부서장 결재를 받아 문서보관함에 보관한다.			

TIP 59 정보 참조 흐름을 표기할 때의 고려 사항

　정보 참조 흐름은 문서뿐만 아니라 사물이나 인간에게도 적용된다. 그 이유는 사물이나 인간의 상호 연관도 정보로 인식되기 때문이다. 사물 참조 흐름은 해당 사물을 표기하는 패턴에 해당하는 실제 실물을 사진이나 그림으로 부가적으로 나타내어줄 경우에 한해서 연결해준다.

[사례 29] 협상적격자 선정 및 협상 프로세스

비즈니스 융합 프로세스 작성 대상

1. 협상적격자 선정 및 협상을 통해 최종 낙찰자를 선정하는 프로세스

가정 및 필요 사항

1. 우선협상 대상자와의 기술협상은 정보화 사업 부서에서 하는 것을 전제로 한다.
2. 우선협상 대상자의 선정은 제안서 종합 평가표에 의거하는 것을 전제로 한다.
3. 우선협상 대상자 통보는 정보화 사업 부서와 우선협상 대상자에게 모두 하는 것을 전제로 한다.
4. 기술협상은 정보화 사업 부서에서 수행하고, 기술협상서를 계약관리 부서로 인편으로 전달하는 것을 전제로 한다.
5. 기술협상서는 스캔하여 파일 형태로 저장하고, 원본은 별도로 보관하는 것을 전제로 한다.

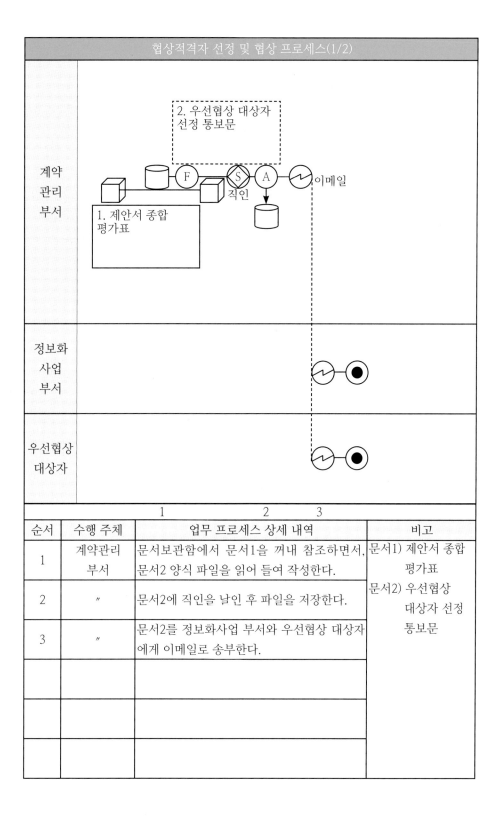

순서	수행 주체	업무 프로세스 상세 내역	비고
1	계약관리 부서	문서보관함에서 문서1을 꺼내 참조하면서, 문서2 양식 파일을 읽어 들여 작성한다.	문서1) 제안서 종합 평가표
2	〃	문서2에 직인을 날인 후 파일을 저장한다.	문서2) 우선협상 대상자 선정 통보문
3	〃	문서2를 정보화사업 부서와 우선협상 대상자에게 이메일로 송부한다.	

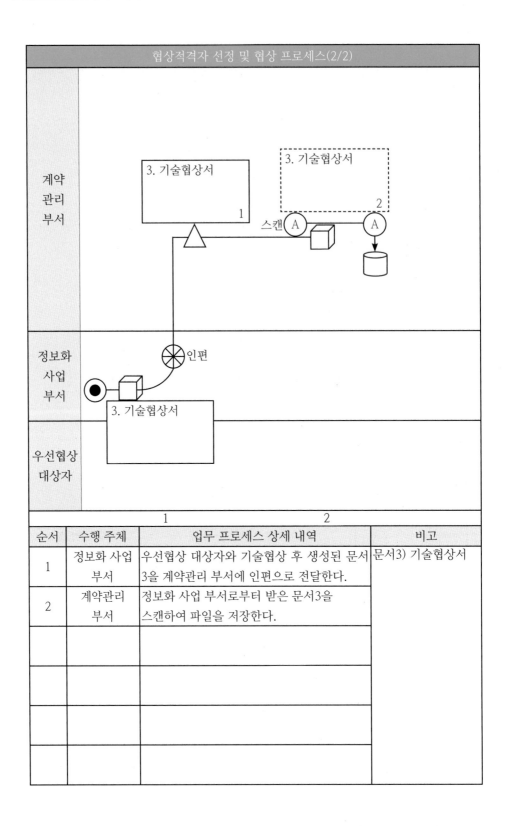

순서	수행 주체	업무 프로세스 상세 내역	비고
1	정보화 사업 부서	우선협상 대상자와 기술협상 후 생성된 문서 3을 계약관리 부서에 인편으로 전달한다.	문서3) 기술협상서
2	계약관리 부서	정보화 사업 부서로부터 받은 문서3을 스캔하여 파일을 저장한다.	

TIP 60　　여러 수신자에게 동시에 이메일을 보낼 경우 표현방법

　　여러 수신자에게 동시에 이메일을 발송하는 경우 ⊖(나눔) 표기 패턴을 사용하지 않는다. 같은 내용, 같은 파일 첨부의 경우는 물론 첨부되는 파일을 다르게 나눠 발송하는 경우에도 '나눔' 표기 패턴을 사용하지 않는다.

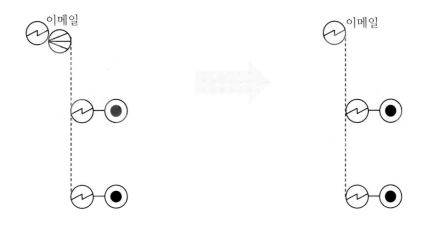

[사례 30] 계약 체결 프로세스

비즈니스 융합 프로세스 작성 대상

1. 전자조달시스템을 이용한 계약 프로세스

가정 및 필요 사항

1. 전자조달시스템을 이용한 전자 계약을 전제로 한다.
2. 계약서(초안)에 대한 서명은 전자서명을 통해 이루어지는 것을 전제로 한다.
3. 계약이 완료되면 정보화 사업 부서에 통보하는 것을 전제로 한다.

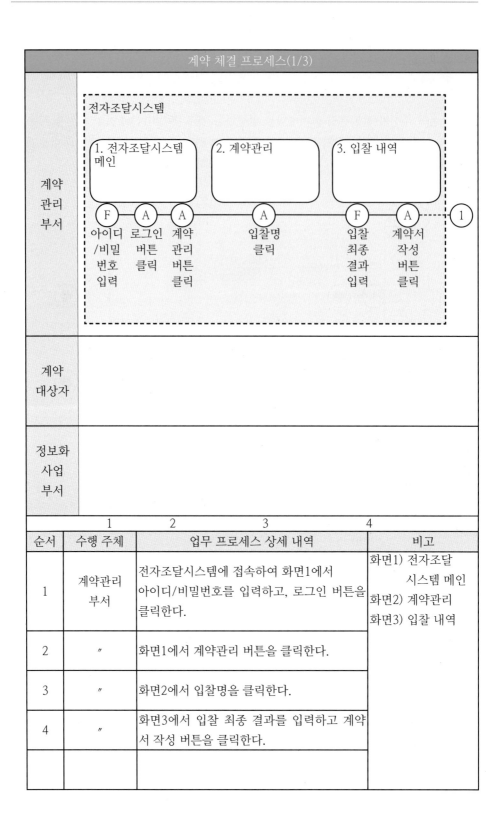

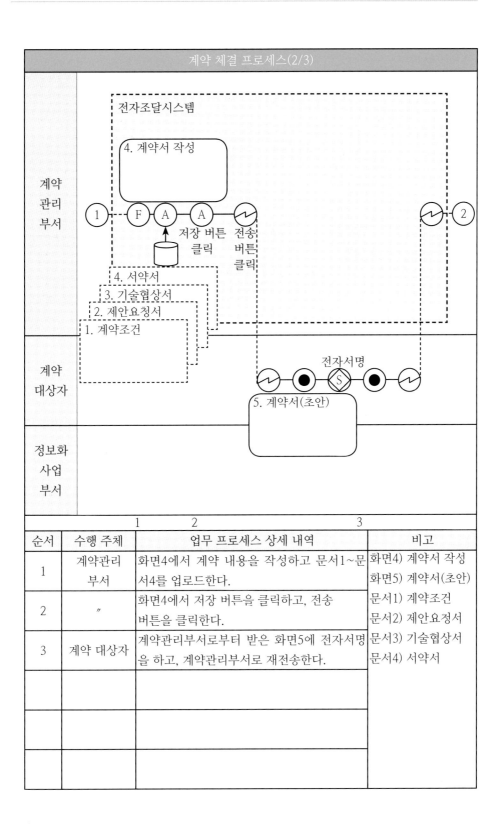

순서	수행 주체	업무 프로세스 상세 내역	비고
1	계약관리부서	화면4에서 계약 내용을 작성하고 문서1~문서4를 업로드한다.	화면4) 계약서 작성 화면5) 계약서(초안) 문서1) 계약조건 문서2) 제안요정서 문서3) 기술협상서 문서4) 서약서
2	〃	화면4에서 저장 버튼을 클릭하고, 전송 버튼을 클릭한다.	
3	계약 대상자	계약관리부서로부터 받은 화면5에 전자서명을 하고, 계약관리부서로 재전송한다.	

비즈니스 융합도(BCD) 실무

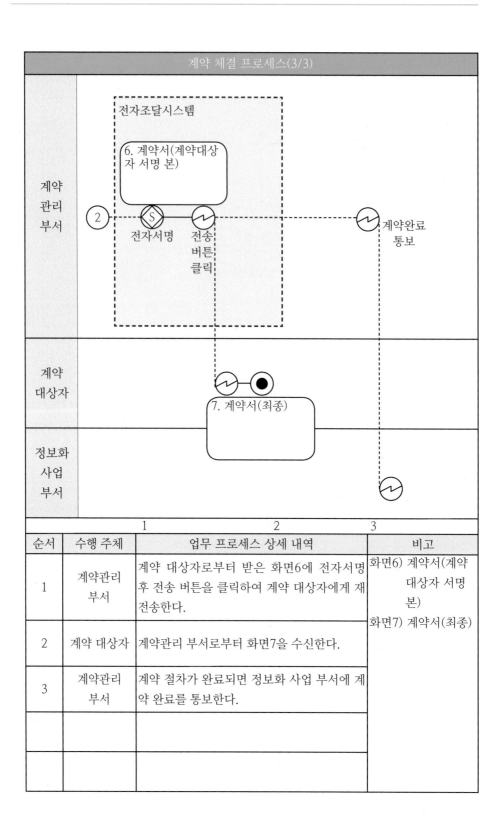

순서	수행 주체	업무 프로세스 상세 내역	비고
1	계약관리 부서	계약 대상자로부터 받은 화면6에 전자서명 후 전송 버튼을 클릭하여 계약 대상자에게 재전송한다.	화면6) 계약서(계약 대상자 서명 본) 화면7) 계약서(최종)
2	계약 대상자	계약관리 부서로부터 화면7을 수신한다.	
3	계약관리 부서	계약 절차가 완료되면 정보화 사업 부서에 계약 완료를 통보한다.	

복 / 습 / 과 / 제

문1. BCD를 작성할 때에는 여러 가지 고려해야 할 사항들이 있다.
다음중 틀리게 기술한 것은?

① BCD를 작성하다 두 페이지 이상 넘어가는 경우 연결 패턴을
사용한다.
② 복사 작업은 전체 프로세스 상황에 관계없이 동일하게
표현한다.
③ 복사 작업은 주요 작업과 별개로 보조 작업으로 표현할 수 있다.
④ 복사 작업은 주요 작업에 추가 작업으로 표현할 수 있다.

정답 ②

복사라는 같은
작업이라도 전체
프로세스 상황에
따라 다르게
표현할 수 있다.

문2. 홈페이지나 시스템 등에 로그인해야 할 경우 다양한 방법이 고려될
수 있다. 이에 따른 BCD 표현 방법을 잘못 설명한 것은?

① 아이디와 비밀번호만으로 로그인 시는 기입 표기 패턴을 쓴다.
② 공인 인증서로 로그인할 경우에는 검증 표기 패턴을 추가한다.
③ 지문 인식기를 쓸 때는 지문 인식기를 피동 사물로 표현한다.
④ 지문 인식기의 경우 지문 인식기의 삽입, 인식, 제거를 표현한다.

정답 ③

지문 인식기를
사용할 경우엔
지문 인식기를
증표 표기 패턴
으로 사용한다.

문3. 비즈니스 융합 실무에서 처리 표기 패턴의 활동 내용을 작성할 때
유연성을 발휘하기 위한 방안으로 올바르지 않은 것은?

① 같은 전자 화면에서 처리 표기 패턴을 다수 이용할 수 있다.
② 같은 전자 화면에서의 다수의 활동을 위해 2가지 표현이 있다.
③ 활동 수 표시 영역에 맞춰 화면을 중복시켜 조립할 수 있다.
④ 활동 수 표시 영역에 맞춘 화면의 중복은 2개까지 허용된다.

정답 ④

활동 수 표시
영역에 맞춘
화면의 중복에
특별한 제한은
없다.

03

비즈니스 융합도(BCD) 실무

복 / 습 / 과 / 제

문4. 비즈니스 업무를 BCD로 모형화할 경우, 하청 표기 패턴을 사용하는 경우가 있다. 다음중 하청 표기를 잘못 기술한 것은?

① 하청 표기 패턴은 별도의 작업 융합 프로세스만을 위한 것이다.
② 하청 프로세스는 불필요한 반복을 제거해 준다.
③ 하청 프로세스를 표기하면 주요 프로세스에 집중할 수 있다.
④ 하청 프로세스는 자체만으로도 표현하여 사용할 수 있다.

문5. 다음은 BCD 프로세스 내에서 판단을 허용하지 않는 이유에 대하여 기술한 것이다. 틀린 것은?

① BCD 내부에 판단에 따른 분기를 넣으면 프로세스가 복잡해진다.
② BCD 내부의 프로세스가 복잡해지면 논리적인 파악을 방해한다.
③ BCD에 판단에 따른 분기를 넣으면 전체적인 파악이 어려워진다.
④ BCD는 총괄적 업무 흐름을 나타내므로 판단을 허용하지 않는다.

문6. 아래는 BCD의 전자 문서(반품 내역서)의 내용을 세부적으로 검증할 때의 상황이다. 가장 올바르게 기술한 것은?

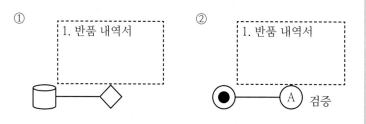

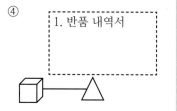

복 / 습 / 과 / 제

문7. 아래는 참조선을 사용하는 다양한 경우에 대해 나타낸 것이다.
올바르게 나타낸 것은?

정답

사물 참조 흐름
은 해당 사물을
표기하는 패턴에
해당하는 실제
실물을 사진이나
그림으로 나타내
줄 경우만 연결해
준다. 또한, 운반
수행 주체는 운반
표기 패턴 근처에
기술해 주어야
한다.

문8. 다음은 BCD에서 의사 소통과 연관이 있는 표기 패턴을 실무적으로
연결해준 사례다. 올바르게 연결해준 것은?

정답

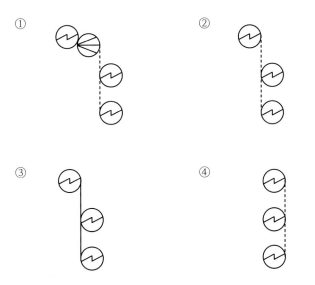

소통을 표현할
때에는 나눔
표기 패턴을
쓰지 않는다.
아울러 소통에는
실선을 쓰지 않고
송신측이 왼쪽이
된다.

03

비즈니스 융합도(BCD) 실무

복 / 습 / 과 / 제

문9. 비즈니스 융합도(BCD)에서 대규모 비즈니스 프로세스를 표현하는
방법으로 틀린 것은?

① 하청 표기 패턴을 이용해 하청 프로세스의 추상화 수준을
낮춰준다.
② 전체 프로세스의 길이가 길어지면 흐름 파악이 어려워진다.
③ 상위 계층의 프로세스는 전체적인 흐름 파악이 가능하도록
한다.
④ 프로세스를 계층화시키면 업무 파악이 용이하게 된다.

문10. 세 개의 문서를 비교 검토하면서 내용을 검증해야 하는 경우가
있다. 가장 올바르게 표현한 것은?

①
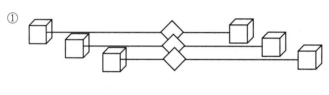

②
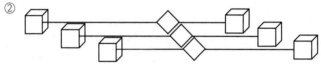

③

④
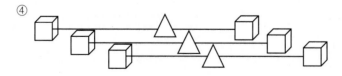

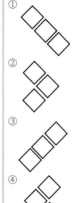

응 / 용 / 과 / 제

과제 1. 최근에는 공인 인증서를 폐기하는 방향으로 흘러가고 있다. 인터넷을 이용한 실무에서 공인 인증서를 쓰지 않고 로그인하는 사례를 조사하고, BCD로의 실무적인 표현 경험을 축적해 보시오.

과제 2. 비즈니스 융합도(BCD: Business Convergence Diagram, TTAK.KO.11.0217) 라는 모형화 방법 이외에 작업 융합도(WCD: Work Convergence Diagram)라는 모형화 방법도 정보통신단체 표준(TTAK.KO-11.0240)으로 공표되었다. 이에 대해 좀더 심층적으로 조사해 보시오.

과제 3. BCD와 WCD를 통합하여 표현하는 사례를 조사하여 축적한 후 통합된 형태로 표현하는 능력을 고도화하여 익히시오.

과제 4. 자신이 속한 조직의 업무를 분류하여, BCD로 도해한 후, 내부 신입 사원 교육용으로 활용해 보시오.

과제 5. 비즈니스 융합도(BCD)에서는 업무 처리 과정에서의 분기를 발생시키는 판단은 배제한다. 세부적인 판단 작업이 필요한 부분은 하청을 준 후, 구조화 객체 부품(SOC: Structured Object Component, TTAK.KO-11.0196) 이라는 모형화 방법을 사용한다. 이에 대해 좀더 심층적으로 조사해 보시오.

앞으로를 위하여 ●

이제까지 일반적으로 BCD라고 부르는 비즈니스 융합도(BCD: Business Convergence Diagram)의 작성 원리를 설명하였다.

이 책에서 배운 원리만 잘 활용하면 일상 비즈니스 현장에서 마주하는 제반 업무를 쉽게 이해하고 터득하여 효율성 있게 적용하는 데 큰 도움을 받을 수 있다. 앞으로 독자 여러분께서 실제의 비즈니스 융합 현장에서 BCD를 적용하는 데 도움이 될 방법을 다섯 가지만 제시하면 다음과 같다.

첫째, 정부 기관이나 기업의 업무 표준화에 적용할 수 있다. 기관이나 기업은 효율적이고 정확한 업무 수행을 위해 '업무 지침서', 'Master's Manual' 등을 확립하여 적용하고 있다. 그러나, 기존의 업무 지침은 주로 문장으로 작성하고 있으며, 업무 흐름 자체도 단순한 플로 차트 정도로 기술하고 있어 업무 습득의 효율성이 높지 않다. 여기에 BCD를 적용하면 효율성 및 정확성의 제고에 큰 효과를 볼 수 있을 것이다.

둘째, 정보화 전략 계획(ISP: Information Strategy Planning)이나 비즈니스 프로세스 재설계(BPR: Business Process Reengineering) 즉 ISP/BPR의 현행(AS_IS) 프로세스 분석, 개선(TO_BE) 프로세스 분석 등에 적용할 수 있다. 이 경우 온라인/오프라인 업무를 막론하고 시작으로부터 문제 해결에 이르기까지의 과정을 상세히 나타낼 수 있어 문제의 파악 및 해결 방안의 강구를 거쳐 실제 해결에 이르기까지 효율성 있는 전개가 가능해진다.

셋째, 소프트웨어 개발 사업에 적용할 경우에는 병렬형 SW 개발 방법론인 K-Method를 지원하는 표현 방법으로 핵심적인 역할을 한다. 구체적으로는 준비 구간(PR: PReparation section)의 착수 단계 – 시스템 정의 작업 세그먼트 – 시스템 분석 태스크에서 현행 시스템 분석서를 작성할 때 적용한다. 또한, 병렬 개발 구간(PD: Parallel Development)의 분석 단계 – 프로세스 작업 세그먼트 – 기능 및 인과 분석 태스크에서 비즈니스 융합도를 작성할 때 적용할 수 있다.

넷째, 정보와 사물을 결합하는 IoT 개발 프로젝트에서 전체적인 현실 문제 해결을 위한 문제 해결 과정을 세부적으로 기술할 때 적용한다. 이 경우, 교육적인 목적으로도 적용할 수 있어 개발 결과를 보다 실무적으로 성과를 올릴 수 있는 방향으로 적용할 수 있다.

다섯째, 산업 현장에서 세부적인 작업 공정이 전체적인 가치 흐름(value flow)에 기반을 둔 문제 해결로 연결지어질 때 비즈니스 융합 가치 변화(BCVC: Business Convergence Value Change)를 명확히 나타내고자 할 때 작업 융합 공정도(WCD: Work Convergence Diagram)과 병행하여 적용해줄 수 있다.

위에 언급한 사항이외에도 아이디어에 따라 다양한 적용 방안이 있을 것이다. 앞으로 BCD의 습득을 통해 실제 사회 현장에서 많은 도움이 되시길 기도드린다.

부록

1. BCD와 다른 표기 방법과의 특징 비교 사례

BCD가 가진 특징을 기존에 사용되어온 주요 비즈니스 프로세스(business process) 표기 방법과 비교한 것을 정리하여 〈부록 표 1-1〉에 나타내었다.

〈부록 표 1-1〉 BCD와 다른 표기법과의 비교

비교 항목	UML (activity diagram)	BPMN	DFD	business flowchart (nodai)	BCD
모형화 지원	프로세스	프로세스 및 데이터	프로세스 및 데이터	프로세스 및 데이터	프로세스 및 데이터
모형화 방법	심볼 작도	심볼 작도	심볼 작도	심볼 작도	패턴 조립
모형화 난이도	보통	보통	보통	어려움	쉬움
표현 능력	제한적	제한적	제한적	상세	상세
IT 모형화 적용	쉬움	쉬움	보통	어려움	쉬움
모형화 자동화	쉬움	쉬움	쉬움	어려움	쉬움
BPR 지원	보통	보통	비효율적	효율적	효율적
개발 공정 연계	쉬움	쉬움	보통	어려움	쉬움
모형화 유형	비형식적	비형식적	비형식적	형식적	형식적
프로세스 레인 구분	가능	가능	불가능	가능	가능
오프라인 및 온라인 활동 구분 능력	불가능	불가능	불가능	가능	가능
인쇄 정보와 전자 정보 구분	불가능	불가능	불가능	불가능	가능
정보와 사물 구분	불가능	불가능	불가능	제한적	가능
능동 사물과 피동 사물 구분	불가능	불가능	불가능	불가능	가능

2. BCD 용어 사전

가치 사슬(value-chain)

시장 수요를 충족시키기 위한 일련의 자원과 정보의 흐름 전체를 관리하는 차원에서, 부품, 기자재, 원료 등의 구매에서부터 조달, 제조, 보관 및 운송, 유통, 판매까지의 기업의 활동과 이 활동을 가능하게 하는 프로세스들의 밀접한 연결이 이루어져 사슬을 형성하는 전체 과정을 통칭한 것이다.

비즈니스 융합도(BCD)

문제 영역으로부터 해결 영역으로 정보와 사물을 융합하는 형태로 업무를 해나가는 방법을 도해적으로 나타내는 표현 방법을 의미한다. 기존의 업무 프로세스 표기 방법이 정보 중심으로 편향되어 있었던 데 비해 비즈니스 융합도(BCD)는 정보와 사물을 통합한 표현이 가능하다. 따라서, 비즈니스 융합도는 기존의 정보 중심의 표현 방법보다 현실 세계의 업무에 부합하는 형태로 접근할 수 있다.

비즈니스 융합 프로세스(BCP)

업무를 시작해서 완료하기까지의 과정에서 정보와 사물을 융합하여 문제를 해결해 나감으로써 가치 흐름의 변화를 일으키는 프로세스를 의미한다. 목표의 설정으로부터 목표 달성까지의 가치 사슬의 각 단계를 융합적인 방법으로 프로세스를 구성하여 진행해나가는 것을 특징으로 한다.

사물 인터넷(IoT)

ICT(Information and Communication Technologies)를 기반으로 사물 통신(M2M: Machine to Machine)의 개념을 인터넷으로 확장하여 여러 사물(thing)이 만든 정보를 공유하는 컴퓨터 통신망을 의미한다. 넓은 의미로는 만물 인터넷(IoE: Internet of Everything)의 개념까지 포함할 수 있다.

업무 재설계(BPR)

설계에 따라 기업 형태, 사업 내용, 조직, 사업 분야 등을 재구성하는 것을 의미한다. 업무 프로세스 재설계라고도 하며, 프로세스 개선을 중심으로 한다. 어느 한 부분만 아니라 기업 전체를 대상으로 하는 점에서 기존의 업무 개선과 다르다. 이전에는 주로 정보 기반으로 재설계를 행하였으나, 최근에는 업무의 많은 부분이 정보와 사물을 융합하는 형태로 이루어짐에 따라, 융합적인 접근이 필요하게 되었다.

3. 참고 문헌

[1] TTA, TTA정보통신용어사전, http://terms.tta.or.kr/dictionary/searchList.do,

[2] Juhua Wu, Sunde Fu, "Business Process Modeling Based On Norm Analysis", Business and Information Management, 2008. ISBIM '08. International Seminar on, Vol 1, pp. 489-493, Dec. 2008

[3] Marcello La Rosa, Arthur H. M. ter Hofstede, Petia Wohed, Hajo A. Reijers, Jan Mendling, and Wil M. P. van der Aalst, "Managing Process Model Complexity via Concrete Syntax Modifications", Industrial Informatics, IEEE Transactions on, Vol 7, No. 2, May 2011

[4] Jan L.G. Dietz, "The deep structure of business processes", Communications of the ACM, vol. 49, Issue 5, May 2006.

[5] M. Rohloff, Danet GmbH, and Munchen, "Reference model and object oriented approach for business process design and workflow management", Information Systems Conference of New Zealand (IEEE), Palmerston North, New Zealand, 1996, pp. 43-52.

[6] Evan D. Morrison, Alex Menzies, George Koliadis, Aditya K. Ghose, "Business process integration: method and anlysis", APCCM '09: Proceedings of the Sixth Asia-Pacific Conferene on Conceptual Modeling", vol. 96, January 2009.

[7] Ryo Sato, "Meaning of Dataflow Diagram and Entity Life History", IEEE Trans. Syst., Man, Cybern. – A: Systems and Humans, vol. 27, no. 1, pp. 11-22, Jan. 1997.

[8] Makoto Takahara, Masataka Eguchi, and Tadasi Gouhara, "How to write Business flowcharts for the improvement of the system analysis", Publication department of Sanno University, 2007, in Japanese.

[9] Kostas Vergidis, Ashutosh Tiwari, and Basim Majeed, "Business Process Analysis and Optimization: Beyond Reengineering", IEEE Trans. Syst., Man, Cybern. C: App. and Reviews, vol. 38, no. 1, pp. 69-82, Jan. 2008.

[10] Chun Ouyang, Marlon Dumas, Wil M. P. Van Der Aalst, Arthur H. M. Ter Hofstede, and Jan Mendling, "From business process models to process-oriented software systems", ACM Trans. Softw. Eng. Methodol., vol. 19, no. 1, Article 2, Pub. Date: August 2009.

[11] Mahesh Shirole, Mounika Kommuri, Rajeev Kumar, "Transition Sequence Exploration of UML Activity Diagram using Evolutionary Algorithm", ISEC '12: Proceedings of the 5th India Software Engineering Conference, pp. 97-100, February 2012.

[12] Rik Eshuis and Roel Wieringa, "Tool Support for Verifying UML Activity Diagrams"

, IEEE Trans. Software Eng., vol. 30, No. 7, pp. 437-447, July 2004.

[13] Marian Trkman, Jan Mendling, and Marjan Krisper, "Using business process models to better understand the dependencies among user stories", Information & Software Technology, Mar2016, Vol. 71, p58-76.

[14] White S., "Business process modeling notation(bpmn)", Technical report, OMG Final Adopted Specification 1.0(http://www.bpmn.org), 2006.

[15] Fredrik Milani, Marlon Dumas, Naved Ahmed, and Raimundas Matulevicius, "Modelling families of business process variants: A decomposition driven method", Information Systems, Volume 56, March 2016, Pages 55-72.

[16] Becker, J., Indulska, M., Rosemann, M. & Green, P., "Do process modeling techniques get better?", Proceedings of the 16th Australasian Conference on Information Systems, 2005.

[17] Luis Enrique Garc´ı a-Fern´ andez and Mercedes Garijo, "Modeling Strategic Decisions Using Activity Diagrams to Consider the Contribution of Dynamic Planning in the Profitability of Projects Under Uncertainty", IEEE Transactions on Eng. Management, vol. 57, no. 3, pp. 463-476, August 2010.

[18] Makoto Takahara, Masataka Eguchi, and Tadasi Gouhara, "How to write Business flowcharts for the improvement of the system analysis", Publication department of Sanno University, 2007, in Japanese.

[19] Ryo Sato, "Meaning of Dataflow Diagram and Entity Life History", IEEE Trans. Syst., Man, Cybern. – A: Systems and Humans, vol. 27, no. 1, pp. 11-22, Jan. 1997.

[20] Sima Emadi and Fereidoon Shams, "Transformation of Usecase and Sequence Diagrams to Petri Nets", 2009 ISECS International Colloquium on Computing, Communication, Control, and Management, pp. 399-403.

[21] Marcello La Rosa, Petia Wohed, Jan Mendling, Arthur H. M. ter Hofstede, Hajo A. Reijers, and Wil M. P. van der Aalst, "Managing Process Model Complexity Via Abstract Syntax Modifications", Humans, IEEE Transactions on, Vol. 7, Issue 4, November 2011.

[22] Ryan K. L. Ko, "A computer scientist's introductory guide to business process management(BPM)", Crossroads, vol. 15, Issue 4, June 2009.

인공지능·IoT 시대를 위한

비즈니스 융합도(BCD)

작성 원리

저자 유홍준

SoftQT | (주)소프트웨어품질기술원

K-Method 적용 패키지 안내

소프트웨어 개발에 있어 방법론 적용은 사업의 성패를 좌우할 정도로 중요합니다.

완벽한 방법론의 적용을 위해서는 방법론에 대한 이해와 적절한 도구의 지원이 필요합니다.

이에 (주)소프트웨어품질기술원에서는 당사가 정립한 병렬형 SW 개발 방법론인 K-Method를

채택하는 기관이나 기업에게 교육, 품질 점검, 도구 지원 등 다양한 서비스를 제공하고 있습니다.

품질 점검 서비스만 받으실 수도 있고, 2가지 이상의 복합적 서비스도 가능합니다.

01	02	03	04
K-Method 컨설팅	방법론 교육	품질 점검	도구 지원

* 당사는 고객사의 프로젝트 성공을 위해 최상의 지원을 약속드립니다.

* 상담안내　　　전 화 : 031-819-2900　　　이메일 : master@softqt.com

K-Method 컨설팅

(주)소프트웨어품질기술원은 병렬형 SW 개발 방법론 'K-Method'를 실무에 쉽게 적용할 수 있도록 컨설팅 서비스를 제공하고 있습니다.

K-Method는 구체적인 성과를 도출하여 SW의 고품질 개발과 안정적 운영에 큰 밑거름으로 작용할 것입니다.

K-Method 테일러링 방법 가이드

산출물 적용 방법 가이드

도구 적용 방법 가이드

품질 검증 방법 가이드

방법론 교육

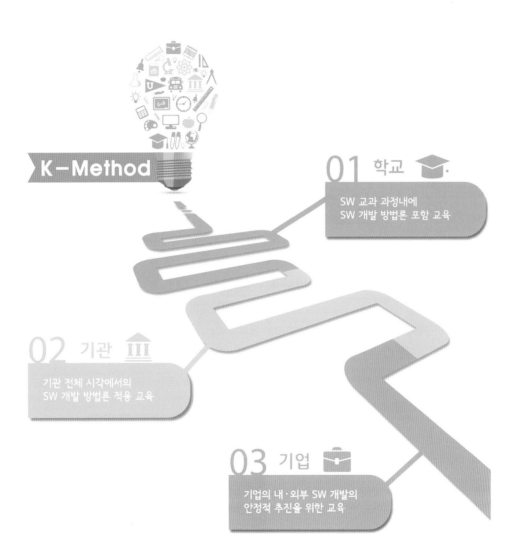

K-Method

01 학교 🎓
SW 교과 과정내에
SW 개발 방법론 포함 교육

02 기관 🏛
기관 전체 시각에서의
SW 개발 방법론 적용 교육

03 기업 💼
기업의 내·외부 SW 개발의
안정적 추진을 위한 교육

병렬형 SW 개발 방법론에 대한 이해를 돕기 위해 당사에서는 학교, 기관, 기업에 'K-Method' 교육 서비스를 제공하고 있습니다. 다양한 유형의 수준별 서비스를 통해 병렬형 SW 개발 방법론의 본질에 대한 이해와 그에 따른 산출물 대응을 통하여 보다 쉽게 K-Method 적용 방법을 익힐 수 있습니다.

소프트웨어 품질 점검
(SQI : Software Quality Inspection)

소프트웨어 품질 점검은

적용 비용으로 작은 감리(small-audit)와 유사한 효과를
지향하는 형태의 품질 평가를 의미합니다. 전문 인력을 통하여
작은 규모로 빠르게 문제점을 분석하고 개선사항을
제시합니다. 법적 의무 감리가 불가능한 소규모 사업에서
약식으로 적용할 수 있어 실용적입니다.

어떤 곳에

소프트웨어 품질 점검이 필요할까요

- 사업 품질 수준을 확인하고 싶은 경우
- 정보시스템 감리를 사전에 준비하고 싶을 경우
- 보안 등 법적인 대응 요소를 식별하고 준수 여부를 확인하고 싶을 경우
- 어떻게 사업을 진행해야 할지 모를 경우
- 사업 성과물의 품질을 높이고 싶은 경우
- 정식 감리 비용을 마련하지 못한 경우

SQI 장점

- ✓ 고효율 저비용 평가
- ✓ 빠르고 정확한 점검
- ✓ 핵심 위험 요소 식별
- ✓ 시정조치 부담 제거
- ✓ 통합적인 진단
- ✓ 요구사항 이행 확인

적용 가능 사업 및 분야는?

정보시스템 개발 사업

- ✓ 사업관리 및 품질 보증 분야
- ✓ 응용 시스템 분야
- ✓ 데이터베이스 분야
- ✓ 시스템 구조 및 보안 분야
- ✓ 상호 운영성 분야 등

시스템 운영 및 유지보수 사업

- ✓ 사업관리 및 품질 보증 분야
- ✓ 서비스 제공 분야
- ✓ 서비스 지원 분야
- ✓ 유지보수 이행 분야 등

DB 구축 사업

- ✓ 사업관리 및 품질 보증 분야
- ✓ 데이터 수집 및 시범 구축 분야
- ✓ 데이터 구축 분야
- ✓ 품질 검사 분야 등

정보화 전략 계획수립 사업

- ✓ 사업관리 및 품질 보증 분야
- ✓ 업무 분야
- ✓ 기술 분야
- ✓ 정보화 계획 분야 등

정보기술 아키텍처 구축 사업

- ✓ 사업관리 및 품질 보증 분야
- ✓ 기반 정립 분야
- ✓ 현행 아키텍처 구축 분야
- ✓ 이행계획 수립 분야
- ✓ 관리체계 분야 등

소프트웨어 품질 점검 (SQI : Software Quality Inspection) 으로

비용의 부담은 내리고!

사업의 성과는 올리고!

새빛(SEVIT) 소개

   새빛(SEVIT: Software Engineering Visualized Integration Tool)은 JAVA 소스 코드로부터 분석 및 설계 모델을 추출하고 이해하는 것을 돕는 시각화 도구입니다.

   프로그램 분석 및 설계 모델과 병행하여 파악할 수 있어, 개발자는 객체지향 JAVA 언어 개발에 좀 더 쉽게 접근할 수 있고 소규모 프로젝트의 경우 효과적으로 JAVA 언어를 이용하여 개발에 임할 수 있습니다. 새빛(SEVIT)은 GS 1등급 인증을 받은 제품입니다.

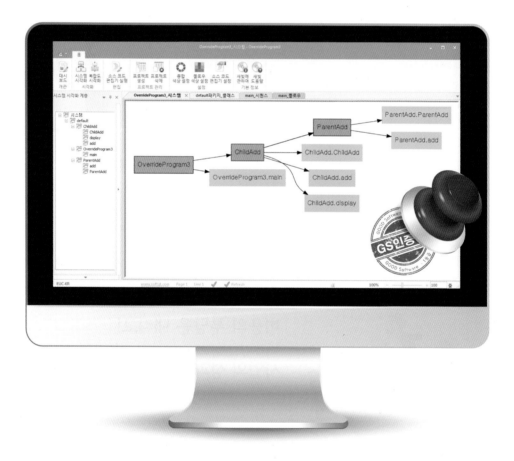

"JAVA 가시화 프로그래밍 도구"

새빛은?

1 개념 이해하기 💡

예제와 함께 익히는
JAVA 객체지향 개념

JAVA를 지원하는 객체지향 개념과 JAVA 언어의 기초를 익힐 수 있는 다양한 프로그래밍 학습 콘텐츠를 준비하고 있습니다. 쉽게 설명한 강의 동영상과 간결한 예제의 실습을 통해 JAVA 언어와 객체지향 개념을 쉽게 익혀 적용할 수 있습니다.

2 모델로 익히기 📋

프로젝트 내부를
통합적인 관점에서
시스템 시각화

작업하는 JAVA 프로젝트의 내부를 시스템, 패키지, 클래스, 시퀀스, 플로우 순으로 추상도를 낮춰가면서 통합적인 시각에서 추상화 및 구체화하는 시스템 시각화를 통해, 분석 및 설계 모델과 JAVA 소스코드에 대한 입체적 파악으로 단시간에 전문가 수준으로 프로그램에 대한 이해도를 높힐 수 있도록 지원합니다.

3 복잡도 제어하기 🕐

순환 복잡도 계산으로
복잡도 제어

작업하는 프로젝트의 소스 코드 전체를 플로우 다이어그램으로 일괄 시각화하고, 순환 복잡도를 계산하여 보고서를 출력하는 복잡도 시각화를 도모합니다. 이를 통해 같은 결과를 나타내는 프로그래밍 코드라도 비효율적으로 프로그래밍 작업이 이루어진 부분을 쉽게 파악할 수 있습니다. 따라서 개발 생산성을 높이고 향후 유지보수성 향상에도 기여할 수 있습니다.

새틀(SETL) 소개

새틀(SETL: Structured Efficienty TooL)은 '소프트웨어 논리 구조 표기 지침
(Guidelines for Representing the Logic Structure of Software)'이라는 명칭으로
2015년 12월 16일자로 TTA 정보통신단체 표준(TTAK>KO-11.0196)으로 제정된
쏙(SOC : Structured Object Component)을 지원하는 소프트웨어 설계 자동화 도구입니다.
새틀(SETL)은 소프트웨어 제어 구조를 구성하는 부품을 표준화 규격화하여 자유롭게 조립
및 분해를 할 수 있는 시각적인 프레임 중심 도구입니다.
새틀은 '새로운 틀'이라는 의미도 가지고 있습니다.

1 새틀(SETL)을 이용한 컴퓨팅 사고 연습

- 실 사회에서 해결해야 하는 다양한 문제를 모두 표현 가능
- 컴퓨팅 사고의 주요 6요소(추상화, 패턴인식, 분해, 알고리즘, 자동화, 병렬화) 모두 지원

2 새틀(SETL)을 이용한 설계와 코드의 자동 변환

- 쏙(SOC)으로 설계한 파일을 프로그램 소스 파일로 바꿔주는 순공학 기능
- 프로그램 소스 파일을 쏙(SOC) 설계 파일로 바꿔주는 역공학 기능
- 다양한 프로그래밍 언어 지원(ex. C, C++, ARDUINO(C의 변형), JAVA 등)
- 프로그램 제어 구조 자동 개선

3 새틀(SETL)과 IoT 제어 도구 융합으로 배우는 소프트 웨어

- 새틀(SETL)과 IoT 제어 도구와 연동하여 제어 프로그래밍
- 드론, 자율 주행 자동차, 로봇 등 다양한 IoT 프로그래밍에 적용 가능

새틀 프로그래밍

"정보 중심 SW 프로그래밍에서
IoT 융합 프로그래밍까지"

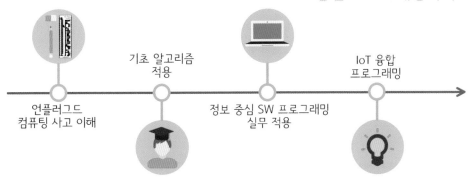

기초 알고리즘
적용

IoT 융합
프로그래밍

언플러그드
컴퓨팅 사고 이해

정보 중심 SW 프로그래밍
실무 적용

수준별 지원

㈜소프트웨어품질기술원에서는 최신의 가시화 소프트웨어 공학
(VSE:Visualized Software Engineering) 기술을 바탕으로, 관련
소프트웨어 기술을 체계적으로 익힐 수 있도록 기초, 심화, 고급 등 수준별
교재를 지원합니다.

다양한 프로그램 언어 지원 도구 및 교재

실사회에서는 Algol 기반의 다양한 프로그래밍 언어가 세계 소프트웨어
시장을 점유하고 있습니다.
(주)소프트웨어품질기술원에서는 C, C++, ARDUINO(C의 변형), JAVA 등
Algol 계열의 전문 프로그래밍 언어를 가시화하여 지원하는 도구 및 교재를
함께 제공하고 있습니다.

NCS 기반의 지원

소프트웨어 개발과 관련하여 국가 직무 능력 체계(NCS)를 바탕으로
기술을 지원하고 있습니다.

온·오프라인 연계

오프라인 지원과 함께 새롭고 효용성 있는 개발 기술 콘텐츠 제공을 위해
공식 홈페이지에 지속적으로 연관 자료를 업로드하고 있습니다.

새벗(SEVUT) 소개

새벗(SEVUT: Software Engineering Visualized Untification Tool)은 PC에 구축하여 개발과 학습을 병행할 수 있는 소프트웨어 융합 프레임 워크입니다.

개발과 학습을 개인별 눈높이에 맞춰 자유롭게 할 수 있도록 개발자 주도의 동기부여를 바탕으로 하는 작업 환경입니다.

새벗은 '새로운 벗'이라는 의미도 가지고 있습니다.

1
개발과 학습 병행

개발을 하면서 연관 학습의 병행

SW 융합 프레임 워크 환경에서 개발 영역과 학습 영역을 확보하여 SW 개발과 학습을 병행할 수 있습니다.

2
대화식 개발

SW 개발 도구 쌍방향 대화식 사용

SW 개발 작업 내용을 시각화한 SW 융합 프레임워크 환경에서 쌍방향으로 대화하는 형태로 확인하면서 개발을 진행할 수 있습니다.

3
개발 기술 축적

SW 개발 기술은 지속적을 등록 축적

SW 개발을 하는 과정에서 습득하거나 터득한 핵심 기술들을 학습자료화 하여 등록하고 기술 축적을 통해 자기 발전을 도모할 수 있습니다.

"개발과 학습을 병행할 수 있는
소프트웨어 융합 프레임 워크"

Q www.softqt.com

새룰(SERULE) 소개

새룰(SERULE: Software Engineering Rule)은 Java 소스 코드의 문제점을 점검해주는 자동화 도구입니다.

코딩 가이드라인(Coding Guideline) 준수를 기본으로 하고 있으며, 코드의 완전성 점검, 코드의 취약점 점검 등 부가적인 기능도 포함하고 있습니다.

"Java 코딩 표준을 지원하는 도구"

www.softqt.com

새룰의 주요기능

1 코딩 가이드 라인 점검

- Java 소스 코드를 구현할 때, 코딩 규칙을 표준화한 바람직한 형태로 준수하고 있는지를 점검합니다.
- 또한 표준에 따라 일관성 있는 코딩 규칙을 적용하고 있는지도 점검합니다.

2 코드의 완전성 점검

- 소스 코드를 불완전하게 작성하여 논리적인 오류가 발생할 가능성이 높거나, 기능이 불완전하게 동작할 가능성이 높은 부분을 찾아내어 보완할 수 있도록 합니다.

3 코드의 취약점 점검

- 소스 코드 내에 잠복하고 있는 예외 대처 기능의 문제점, 보안상의 문제점 등 코드가 보유한 취약점을 점검하여 보완 조치할 수 있도록 지원합니다.

새품(SEPUM) 소개

새품(SEPUM: Software Engineering Project-quality Unveiling Machine)은 소프트웨어의 전체 생명주기에 걸쳐 작업 품질을 점검해 주는 자동화 도구입니다. 분석 단계, 설계 단계, 구현 단계를 포함하는 종합 품질 점검 도구입니다.

1 분석 단계 품질 점검

- 요구사항 설정 및 추적성 품질 점검
- 분석 단계 공정 작업의 품질 점검
- 분석 모델링의 완전성 품질 검점

2 설계 단계 품질 점검

- 설계 단계 공정 작업의 품질 점검
- 설계 모델링의 완전성 품질 점검
- 설계 단계 데이터 프로파일링 점검

3 구현 단계 품질 점검

- 구현 단계 공정 작업의 품질 점검
- 실제 구현 품질 점검
- 설계 대비 구현 품질의 일관성 점검

새품 품질 점검

품질 점검 프레임 워크 적용

최고 6단계에 걸친
세부 SW 품질 점검 프레임 워크
수준을 적용하여
상세한 품질 점검을 행합니다.

개념·논리·물리의 통합 접근

개념적인 수준에서부터
물리적인 수준에 이르기까지의
Layer를 모두 커버하는
입체적인 접근을 통한
품질 점검을 행합니다.

철저한 대안 제시

단순히 점검만 하는 것이 아니라
과학적인 점검을 기반으로,
실현 가능한 대안을 제시합니다.

예방 통제에 중점을 둔 품질 관리

문제가 생긴 후의 사후 통제보다
문제가 발생되기 전에 인지하는
예방 통제 중심의
품질 관리를 행합니다.

새북(SEBOOK) 소개

새북(SEBOOK: Software Engineering Book)은 소프트웨어 공학 기술을
이용하여 새로운 형태의 책을 지향하는 소프트웨어입니다.

'새로운 책'이라는 의미를 가지고 있는 새북은, 동영상과 참고 자료를 쌍방향으로
연결하여 볼 수 있도록 하는 도구입니다. 사용자 및 운영자 매뉴얼이나 각종
지침서 작성에 최적화하여 적용할 수 있습니다. 새북(SEBOOK)은 GS 1등급 인증을
받은 제품입니다.

"쌍방향으로 연결하여 볼 수 있는 도구"

새북의 주요기능

1. 동시에 재생

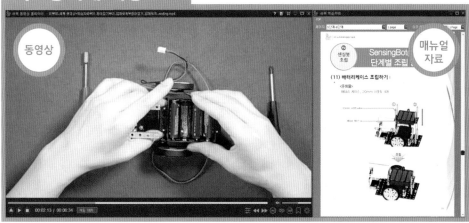

● 동영상 강의에 연결한 매뉴얼 자료를 동시에 재생합니다.

2. 자유롭게 편집

● 동영상에 자막을 넣고 자막의 배경 및 폰트의 색깔과 크기 조정도 가능합니다.

● 사용자가 매뉴얼 내용을 메모하고 편집한 서브 노트를 동영상에 연결할 수 있습니다.

새북의 주요기능

3. 북마크

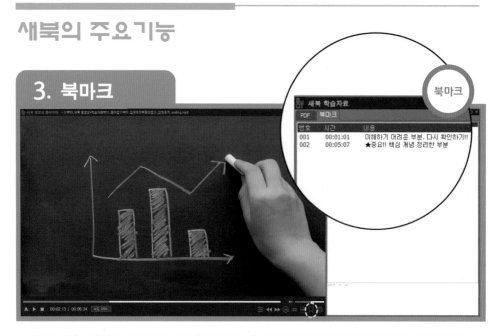

● 중요한 곳을 표시하는 기능으로, 다시 확인하고 싶은 곳에 북마크를 하면 이동하여 매뉴얼 자료와 연결한 동영상을 쉽게 확인할 수 있습니다.

4. 화면 비율 조정

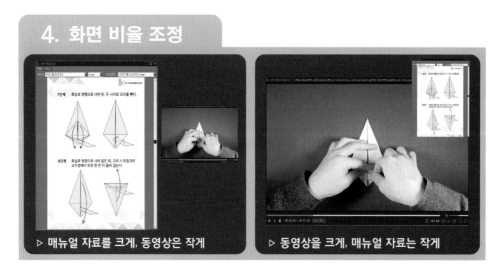

▷ 매뉴얼 자료를 크게, 동영상은 작게

▷ 동영상을 크게, 매뉴얼 자료는 작게

● 동영상과 매뉴얼 자료 화면의 위치와 비율을 자유롭게 조절 가능합니다.

새북 활용

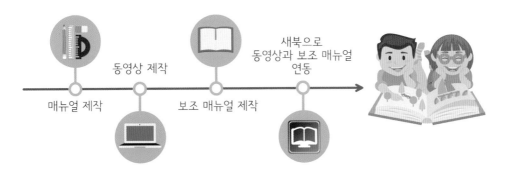

동영상 제작

매뉴얼 제작 보조 매뉴얼 제작

새북으로
동영상과 보조 매뉴얼
연동

제휴 방법

구매를 통한 제휴
새북 자체를 해당 조직에서 구매하여 적용하는 제휴 방법입니다.

공동 서비스를 통합 제휴
새북을 이용한 콘텐츠 제작 및 배포 등 공동으로 참여하는 형식의
제휴입니다.

라이센스 제휴
새북의 라이센스를 일정기간 위탁받아 시행하는 형태의 제휴입니다.

기타 제휴
기타 여러 적용 가능한 형태로 합의하는 제휴 방법입니다.

인공지능·IoT 시대를 위한
비즈니스 융합도(BCD) 작성 원리

초판 1쇄 발행   2018년 4월 20일

저   자   유 홍 준

편   집   IoT 융합 서적 편집팀
디 자 인   김 류 경

발 행 자   (주)소프트웨어품질기술원
주   소   경기도 고양시 일산동구 호수로 358-39, 101-614
전   화   031-819-2900
팩   스   031-819-2910
등   록   2015년 2월 23일 제015-000042호

정가   20,000 원